Hi, Historical Recor

史记来了！

司马迁带你读史记

大梁如姬 / 著　　李玮琪　李娅 / 绘

伍 西汉 ❷

海豚出版社
DOLPHIN BOOKS
CICG 中国国际传播集团

目录

汉景帝
好皇帝也会小心眼

　　今天来说说我家皇帝的亲爹，景帝刘启。他是文帝和皇后窦氏的长子，也是文帝当上皇帝后立太子时，所有存活下来的儿子中最大的。凭着这项擅长投胎的技能，刘启成功登上了大汉皇帝宝座。如果从我这一代人往前看，他绝对算是一个好皇帝。在他和文帝的接力统治下，我们大汉称得上是国富民强。然而，如果我去采访一下他的家人们，以及在他手下打工的前朝官员，估计他的好评率不会太高。为什么呢？如果用孔夫子的话改写一下，那就是："景帝之器小哉！"

　　景帝的性格比他爹文帝差很多，而且打小就这样。你一定会问我要例子，无举例无真相嘛。好的，安排！

　　那还是文帝年间，为了联络和中央的感情，有一年，远在东南方的吴王刘濞派自己的太子刘贤来京进修。刘贤与当时还是太子的景帝年龄差不多，朝廷就安排他俩一起玩耍。当时皇家有什么正规娱乐呢？喝酒、下棋。结果，别人是来玩耍，景帝是要玩命。

　　当时，两人都喝了点儿小酒，棋下到一半，双方就为在哪里落子争了起来。刘贤从小娇生惯养，根本没打算让着中央太子，景帝也在心里摆了摆自家后台，爹是皇帝，亲妈是皇后，奶奶是皇太后，就这全天下最强悍的背景，咱怕谁呀？多少得教他怎么做人。就这样，互相不惯着的两个人，从棋局搏杀变成了拿着棋盘搏杀。小景帝提着我大汉做工坚硬的棋盘对着刘贤招呼过去，吴太子当场毙命。

小小的景帝，给了朝野一个大大的震撼。这事也为他后来的皇帝生涯埋了个大雷。不过，时间还没到那儿，我们暂时先保密。

后来，景帝自己上台了，倒霉的命运就转到了最亲近的人身上。他之前被奶奶薄太后安排娶了一个薄家姑娘当皇后，但景帝对她没什么兴趣，等靠山薄太后一死，没犯啥错的皇后就被废黜（chù）了。那么，景帝爱谁呢？一个姓栗的美人。两人恩爱多年，栗姬为他生下了长子刘荣，在薄皇后无子的情况下，刘荣成了新朝太子。可后来，后宫里花式美人层出不穷，不再年轻的栗姬就失去了宠爱。在景帝的亲姐馆陶长公主和我们家皇帝的亲妈的谋划下，栗姬和刘荣双双被废。

被废还不算最差，后来，在景帝的暗中操盘和威逼下，刘荣选择了拒绝再被恐惧支配，自杀了结，栗美人也只能郁闷而死。

家人采访完，还有臣子们排着队准备控诉景帝。比如前面出场过的张释之。因为早年的拦车事件，景帝一上台就展开了报复，哪怕别人主动认错也不行。真是君子报仇，十年不晚呀。

接下来的是一位叫晁（cháo）错的大臣。他是景帝当太子时的下属，关系好的时候，景帝对他言听计从，甚至一度看晁错比儿子刘荣还重要。然而，就是这样被信任和保护的晁错，一旦出现危机，他也是被牺牲的对象，落得个被出卖，拉去闹市口腰斩的下场。这事的细节，咱们也留着到晁错的故事再讲。

对于景帝的过河拆桥，丞相周亚夫也表示有话要说。因为周亚夫多次公开反对过景帝的意见，包括废太子刘荣时，他也坚定执着地强烈劝阻，不愿意纳谏的景帝拿出小竹简默默记仇，后来更给了他一个比莫须有还莫须有的罪名："不在地上造反，就会去地下造反"，逼得周亚夫只能自杀。景帝性格里阴冷的一面展示得淋漓尽致。同样对此深有感受的，还有后面拥有排面和镜头的李广将军等人。

说了这么多，你可能已经满头问号，这么小心眼的皇帝，还是个好皇帝吗？毕竟咱们以前讲过的明君，一个个虚怀若谷，闻过则喜，肚子里都是能划船和开马车的呀。难道景帝的好名声是跟文帝"捆绑销售"得到的？

其实，上面的一系列事情，尽管看起来人头滚滚，却和残暴、滥杀并不相关，只是景帝维护统治的手段而已。充其量只能说一句，景帝性格缺陷明显，但并不影响他的业绩评级。好皇帝的业绩，还得跟对老百姓的态度挂钩，要以时代面貌作为标准。

那么，景帝对普通的你我怎么样呢？

刚坐上皇位不久，景帝就下了个利民政策：如果你住的地方土地成色不好，不适合种庄稼，可以自主移民，另选他乡。别小看这条，在我们这个时代，没有皇帝允许，百姓是不能私下满地图跑的。如果生活的地方土地贫瘠，饿死的概率很大。景帝放开移民，就是在拯救大家。

过了几个月，景帝又延续文帝的政策，给农民减负，开启了"田租五折"服务，田租"三十而税一"。这是什么意思？朝廷收税，只收土地产量的三十分之一。汉初是收十五分之一。

没多久，景帝看到牢里罪犯多，又下了一道人道主义的圣旨，说人死不能复生，要法官们秉公执法，不能收受贿赂，制造冤案。即使判断一个人有罪，也要经过多次复审。为了让法官们不要那么有压力，景帝还表示，人都有智力差别，法官也有高下之分，所以，对那些有疑问的案子，一定不能草率结案，要尽量从宽处理，给人活命的机会。即使判错了，也不用承担责任。

这个判错，是指因为宽容谨慎而偶尔放过了有罪的人，属于"宁可错判，不能错杀"的良政。要知道，领导的一个态度，完全可

以改变整个环境的风气。景帝亲自关心罪犯的活路，那小官吏们工作起来，自然是秉承"人生最大的美德是饶恕"的准则啦。那么，整个社会也会包裹在一种温暖感里。

景帝的好政策基本都体现在减法上。他还废除了残忍的分尸酷刑，改为弃市。也就是说，犯了最严重的罪，也只是拉到集市上杀死。而对文帝下手改过的仁政，景帝也看到其中还可能存在的问题。

当初，文帝虽然因为缇萦的上书废除了肉刑，但其他刑罚也不轻，动辄鞭刑三五百下，人都被打死了，没死的也基本伤残到不能自理。景帝在亲自下场围观后，认识到这条法规

可能比肉刑杀伤力还大，于是下令一改再改，先是减少鞭打的数量，减完效果不明显，又让大臣想个更完善的办法。

最终，在景帝的亲自督促下，我大汉官员终于出台了一项打人的细则：先对打人的"工具竹"做了长短和厚薄的规范，又规定犯人受刑的部位只能是最扛揍的屁股。而且，无论打多少下，执行者都必须一对一服务，打的过程中不许换人。为啥不能换人？你想啊，这个人打累了，挥舞鞭子的力道就会减弱，罪犯受到的痛苦是递减的。而如果换下一个，人家又是元气满满，还不给你打残喽。

正是在这一系列改革下，打板子的酷刑才终于让犯人能保住小命。可以说，为了民众，景帝也是操碎了心。一直到死之前，景帝的最后一道诏书都是在给全天下人发福利，赐爵、赏钱，又让辛苦工作的宫女们可以回家过日子，并免除她们全家的赋税和徭役。

因为景帝对老百姓的仁慈之心，他统治的十六年里，我们大汉的国力那叫一个蒸蒸日上。老百姓口袋里有钱了，不是逢年过节也有肉吃了，上街还能骑宝马潇洒……如果不是发生什么大灾荒，家家户户都过上了自给自足的生活。在这样的大好环境下，

国家仓库里的钱和粮食都发不出去。我曾亲眼见识到，粮食只能待在仓库里腐烂，穿钱的绳子也都朽掉了的画面。

当然，这些最主要的还是我们大汉百姓的功劳。只要在上者不昏招乱出，不经常上剥削和压榨手段，勤劳的人们总会耕耘出一个盛世来回报。再回过头来说，一个不折腾人的君王多难得呀！景帝的帝王评分，绝对是成绩优异。

不知其人，视其友。

——《史记·张释之冯唐列传》

译文 如果不了解那个人，看他平时结交的都是什么朋友就能知道。

诸侯王的儿子和女儿应该怎么称呼？

周朝时，天子的儿子是太子、王子，女儿是公主，诸侯的儿子只能叫作世子。但在春秋时期，诸侯就看不上天子了，于是，他们的儿子也纷纷僭（jiàn）越名分，被叫成了太子。传到汉朝，皇帝家的孩子们还是按前面的老规矩，分别是太子、皇子和公主，诸侯的儿子则在太子前面加上国名区别，比如，吴国的叫吴太子，齐国的叫齐太子。

那么，诸侯的女儿也是这种模式吗？

非也。诸侯的女儿有一个全新的封号称呼，叫翁主。翁是老父的意思，因为，诸侯的女儿结婚，由自己的老父亲主持。翁主也就是后来的郡主。

七国之乱
造反走到半路，借口没了

恭喜，你又多认识了我一天！

前面说过，景帝杀吴太子曾埋了个大雷，就是今天的主题——七国之乱。这也是我大汉朝建国后最大的事情。当时，连老天都出来凑气氛了。那是景帝三年（公元前154年）正月，通常预示着将有不好的事情要发生的彗星在西方天空出现，一场天火烧毁了洛阳的东宫大殿和城楼。没过多久，吴王刘濞、楚王刘戊（wù）、赵王刘遂、胶西王刘卬（áng）、济南王刘辟光、菑（zī）川王刘贤、胶东王刘雄渠七个诸侯王带着浩浩荡荡几十万大军，要去长安杀一个人。这个人名叫晁错。

你一定很疑惑，这么多王跟晁错什么仇什么怨，为什么要去杀他？原因很简单，晁错动大家蛋糕了——重提了贾谊建议的削

藩策。藩是指藩王，削藩，就是要把他们手里的土地找个"你不爱老婆""你对老妈不孝顺"之类的理由收回中央。这一步前面几代就一直在执行，只不过，高皇帝和吕后都是打天下的人，大家多少有点儿惹不起，到景帝时，诸侯里就有人想翻脸了。

当时，景帝听从晁错的意见，整治了几个大小王。大伙儿一开始都和之前一样，选择忍气吞声，但有一个人忍不了，他就是吴王刘濞。这个刘濞可不简单，当初跟着高皇帝打过天下，后来年轻的景帝又打死了他儿子，理亏的文帝为了调停矛盾，许了他不少好处，一来二去，就把吴国培养成了个有钱有矿的超级大国。

旧恨加上景帝上来就抢土地的新仇，让刘濞怒气值蹿出天际，亲自出去搞外交约人造反。这一通激励，一口气竟然约到了十个诸侯王，准备给朝廷来一次"王"炸。他们分别是哪里的王呢？我给你们数数，吴、楚、赵、齐、济南、济北、胶东、胶西、菑川、淮南。不过，还没出师，淮南王和济北王就被中央派驻的国相摁住或隔离，直接掉队了。只剩八家还能行动自如，准备继续执行指令。

我们来看看吴王给大家安排的前进路线。按计划，八国联军分成两支，南边的吴、楚两国走一条线，跟北边的赵国集合，被拆散的原装齐国走另一条线，由最远的一步步上门约人，到最靠近中原的济南合体，再一路打去长安。

不得不说，吴王是懂造反的，做了充足准备。大家约定完毕，刘濞就发通稿给天下，说皇帝身边有坏人，他们出兵只是为了清君侧——诛杀君王身边的坏人御史大夫晁错。这就回到了开头说的七国联军怒发冲冠，杀气腾腾要来杀晁错。

有眼尖的可能已经发现，不是有八大王吗，怎么只说七国之乱？没错，后面又有人选择掉线了。

听说诸侯造反，景帝也不含糊，赶紧把当时朝廷最能打和最有能力的太尉周亚夫、大将军窦婴派出去镇压。然后又从善如流地卸磨杀驴，把晁错给杀了——你们说清君侧，我主动清了，如果再反就不客气了哟。

这一招过河拆桥虽然比较缺德，但对打击七国士气非常有效。毕竟幌子没有了，他们就变成了真正的造反派，行动起来有点儿名不正言不顺了。所以，大伙儿猝不及防，一时间都变得很茫然。

正所谓越乱越昏，走到半路的吴、楚两个王，干脆就近跟景帝的弟弟梁王干了起来。山东那边的四个王情况更乱，当三个王集合后一起走到齐国门口，打算喊了兄弟再前进，退堂鼓艺术家齐王刘将闾眼看借口都没了，直接大门一关不玩了。那三位好不容易跋涉到这儿，见齐王没信誉，一边骂骂咧咧，一边做了个奇葩计划：我们也不走了，就地围攻齐王。

七国之乱，变成了七国很乱。

现在，地图上谁最尴尬呢？一个是等着山东诸侯来集合的济南王刘辟光，一个是等吴楚两国前来合体的赵王刘遂。因为约好的人都没来，但不想来的人全来了。

出门平叛的几个将军一看都笑蒙了，本来还以为是个王者局，没想到难度瞬间降低，只要一个个收拾就行了。朝廷动员很清晰，前面"卖友"的郦寄攻打赵国，一个叫栾（luán）布的将军收拾山东残局，太尉周亚夫带领主力去打硬骨头吴楚联军。大将军窦婴驻守粮仓荥阳，监督赵国和齐国出来的军队。

接下来，结果几乎毫无悬念。出动的都被轻松拿下，只剩原地不动的赵国坚挺了几个月，朝廷派人增援后，很快也搞定了。几个大小王集体去找泰山府君报了到。

声势浩大的七国之乱，竟然就这样潦草收场，连长安的边都没挨着。而这一次因为造反空出来的这么多地盘，全都回归中央，成了朝廷自由支配的国土。值得一提的是，我们家皇帝在没当太子之前，景帝给他的王爵就是胶东王。

史记原典

为善者，天报之以福；为非者，天报之以殃。

——《史记·吴王濞列传》

译文 做善事的，老天会回报给他福气；做坏事的，老天会让他遭殃。

赏析 这是汉景帝对造反诸侯的批语。中国一直有"善有善报，恶有恶报"的古训，从《左传》到《孟子》《荀子》，都在劝人向善。这种说法把每个人的人生遭遇和行为举止绑成因果关系，让人即使达不到深信不疑，也会抱着宁可信其有的态度，努力日行一善。

史记小百科

中国古代的"阎王"竟然是泰山神？

中国古代很早就形成了泰山崇拜，春秋时期诸侯就会对泰山进行祭拜，秦始皇、汉武帝等帝王也曾到泰山封禅（shàn），祭祀天地。大约从西汉时开始，泰山有了"东岳"之称，泰山神也获得了"东岳大帝"的称号。

大概在东汉时期，由于道教的宣传，泰山神被赋予了管理地府的职能。人们认为，人死后要去找泰山神报到，进入另一个地下世界。当时的人把太守叫府君，泰山神也被尊称为泰山府君。

晁错

晁错错了吗?

在吗, 在吗? 听故事啦!

前文作为背景板, 又被牺牲的晁错, 他冤枉吗? 这是肯定的。
那么, 他错了吗? 或许先师孟夫子的那句"虽千万人吾往矣"用
来形容他比较合适。虽然有千万人阻止, 他仍是勇往直前。他的
人生其实很有教育意义。

晁错是河南颍川人, 从小就是个刻板严肃的性格, 不苟言笑。
这种性格大概也会影响爱好, 所以, 他爱上了当时以严酷出圈的
法学。长大后, 他去找了著名法家专家张恢学习, 掌握了战国时
代商鞅和申不害等法家代言人的精髓。这些学说又反过来强化了
他的性格, 他为人更严峻苛刻了。这样的人, 如果在生活里遇到,
你绝对不会喜欢他。但朝廷喜欢他。为什么呢?

说到这里，我又要表扬一下我爹司马谈。他老人家是个博学多才、精通诸子的人，对战国市面上流行的几个学说都有很深的认识。我在《太史公自序》里抄录了他当时的总结，也许比较精深，就暂时不为难你的大脑了。我可以长话短说简短概括一下：儒家、墨家、道家，都是为天子探索治国路线，但对天子多多少少都有些要求。而法家，它并不能完全跟"以法治国"画等号，他们的主旨在于维护中央和天子的统治。他们会自觉地为帝王设身处地，通过精密的研究，设想出很多提高帝王权力的法规，切实保障天子至高无上的权力和地位。这样的人，没有皇帝不喜欢吧。

晁错刚进入仕途时，还是文帝当国，文帝延续的是黄老学说，对晁错不是特别感兴趣。但文帝也知道晁错肚子里有料，就给了他太常掌故的官职，掌管朝廷官方颜面的礼乐制度。后来，文帝为了给儿子培养人才，还出资安排晁错去找儒家名师伏生学《尚书》，等其学成归来，就把他安排到景帝门下。景帝和晁错这对君臣，就是这样捆绑上的。

晁错在太子府身兼多职，既是生活老师，也干安保工作，还负责一对一教育。小景帝对博学多才的晁错佩服得五体投地，一即位就给他不断升职加薪。仗着信任，晁错经常要求皇帝屏蔽其他人，只听自己说话，只和自己私聊。对老师提出的建议，景帝一概都是"好好好"，宠冠群臣。

在贾谊篇我们看到，升职太快和霸占皇帝，是会惹人嫉妒的。即使是那些正直的官员，也看不惯他"天下只有我一个人正直为国"的样子。几乎所有同事都跟晁错关系不好，丞相申屠嘉更觉得自己有责任为大家出气，把晁错整下来。

饿了有人送馒头，瞌睡有人递枕头，一切都是那么巧。晁错当内史的时候，内史府就建在文帝庙外围墙里的空地上。这本来

没什么，但内史府地盘太大，晁错嫌办公室的大门朝东开，进出不方便，大手一挥就要在南边再开一个门。结果，施工队一不小心就损毁了文帝庙的外围墙。申屠嘉听说后，就决定去找景帝告状。哪知道摊上大事的晁错也知道问题的严重性，连夜就跑进宫约景帝私聊，先坦白了。景帝一听，这也没啥嘛，我的老师我袒护，爹的庙坏了再修一下就是。

于是，等申屠嘉再来告状，挨骂的反而是他自己。骂些什么呢？想骂人还能找不到理由吗？景帝口水四溅，痛斥申屠嘉小题大做，吓得申屠嘉只能下跪道歉。回去后，这位耿直丞相就气得一病不起，提前下线了。

丞相一死，朝廷老二御史大夫替补，这样，御史大夫的位子就空了出来。景帝没让排行第三的人顺位递进，也没有让御史大夫手下的中丞进一位，而是直接让晁错空降上任。这就让更多人不爽了。不光是羡慕嫉妒恨，还因为晁错性格太野蛮，独来独往，不懂变通，不讲情面。

　　俗话说，傻子是相互的，没理由你觉得我特傻，而我觉得你很牛。于是，晁错和大家形成了鄙视链：晁错一个人鄙视全盘，反方则有前丞相周勃、刚过去的丞相申屠嘉、新丞相陶青、将来的丞相窦婴、正义之士袁盎，以及所有三公九卿的官员。就这同事关系，可想而知，如果不是景帝信任，晁错在朝廷上肯定是举步维艰、寸步难行。而也因为这种

同事关系，七国之乱时诸侯王清君侧的幌子一出来，官员们排着队跟景帝打小报告，请求杀了晁错。

　　我们回过头看看，晁错能看出汉朝的问题，为天子出主意，这么聪明的人，他知道自己的处境吗？完全知道。当时，晁错着手修改了三十多条法律条文，不是削弱诸侯的权力，就是要收回他们的土地，搞得刘家吃皇粮的王爷们怨声载道，一边组织军队，一边联名发表抗议，要求皇帝宰了晁错。晁错的老父亲听说这个消息后，打了个快车从颍川赶过来大骂儿子："人家说，疏不间亲，你自以为得到皇帝的信任，就去离间他们刘家人，几乎把全员都得罪了，你这么做是想死还是不想活了？"

听到爹久违的骂声，晁错本本分分地回答："我做的事都是对的，不这样，天子地位得不到至高无上的尊崇，国家也不会安宁。"晁错的削藩路线，当然是势在必行。分封制的本质就是分，每一任皇帝的儿子都能得到很大一块地盘当诸侯王，诸侯王的儿子又可以接班，世世代代做收税人，不劳而获，犹如蛀虫一样永远吸附在大汉的巨腿上。时间久了，终有一天朝廷会负担不起，腐朽不堪。

老父亲知道儿子的性格和志向，愤怒地丢下一句"刘家安宁了，那我们晁家要完了！"当晚，晁父离家出走，然后服毒自尽了。不得不说，晁父也是个眼光长远的人，他深知作为挑事者不可能有好下场，一旦两边开打，不光晁错作为牺牲品和挡箭牌要被杀，他们晁家也可能会集体谢幕。所以，他宁愿一死了之。

瞧，晁错被杀之前，已经被父亲清晰警告过了，只是他毫无畏惧。又或许，他对景帝很有信心。毕竟，以前每次被攻击，皇帝都会为他一一化解。他俩就像松柏和青山，是不可分割的组合。所以，当传旨的宦官去找他时，他还穿上朝服，准备继续为景帝做帝国的大脑。于是，他就穿着这身行头，被带到了热闹的集市腰斩。而他家族的命运也被晁父预言到了，夷灭三族。

一个一心加强中央集权，为皇帝巩固权力的人却遭此下场，是不是很不公？确实有人为晁错叫屈喊冤。

晁错冤死后，七国之乱还是有条不紊地爆发了。吴楚前线有个叫邓公的人回朝报告消息时，景帝抓着他问："吴楚军队退了没有？"邓公一听，头摇得像拨浪鼓："吴王想造反又不是一天两天的事了，这次削减地盘才是他们造反的最直接原因，晁错不过是一个借口而已，他死不死，跟吴楚退不退兵没什么关系。"这话说得景帝也有点儿伤感，结果邓公又一次补刀："我看，以后天下没人敢说真话，为朝廷提有建设性的意见了。"

见景帝不吭声，邓公继续输出："晁错的削藩策划，完全是为了拉高朝廷地位，这件事办成了，将是福泽子孙后代万万世的好事。现在计划才实施，你却杀了策划人，这不是让人寒心吗？这不是故意堵塞天下忠臣之口，让大家都闭嘴吗？恐怕，吴楚那帮混蛋还在那边笑，陛下真是神助攻，为他们死去的将士报了仇呢。"

这固然是一方面，不过，杀晁错也确实是当时的最优解，景帝只能借他人头一用。而晁错呢，也许知道自己的下场不会好，他只是……用孔夫子的话说，"求仁得仁"罢了。

史记原典

变古乱常，不死则亡。

——《史记·袁盎晁错列传》

译文 改变自古以来的法度和习惯，乱了人们习以为常的规则，下场不是死就是逃亡。

赏析 这是司马迁对晁错下场的精准总结。古往今来，变法的人都逃不过这个命运，商鞅、吴起、韩非、李斯都是如此。因为改变自古以来的制度，势必要损害很多人的利益。要别人从口袋里掏钱，让出利益，这对很多人来说，比杀了他们还过分。所以，只有支持变法的君王在的时候，他们才能风风火火。一旦靠山倒了，或者君王不愿意保了，变法的人的结局就是下一个晁错。

都说"四书五经"，你知道还有"十三经"吗？

晁错学的《尚书》，是"四书五经"中的一本。最开始，孔子编纂的时候其实有"六经"，分别是《诗经》《尚书》《礼记》《易经》《乐经》《春秋》。《乐经》的曲谱不太好传，很快就失传了。但是后来，人们还是疯狂往"经"里加东西，到宋代增到了"十三经"。

"十三经"分别是哪些？已经有的不会被去掉，在五经之上，又增加了《周礼》《仪礼》《孝经》《论语》《孟子》《尔雅》，《春秋》则分为三个版本，分别为《春秋左氏传》《春秋公羊传》《春秋穀梁传》，合称"春秋三传"。"十三经"是古人考公务员的必学书目。

袁盎
害死了忠臣，我还是君子

　　今天还是景帝朝臣子关系连续剧。前面说过，晁错性格孤傲，人缘差到没朋友。而要论谁跟他关系最差，非袁盎莫属。他俩虽没达到不共戴天的地步，但基本上做到了不同席——有袁盎的地方，晁错不会进去，有晁错的地方，袁盎就不会坐下。甚至，后来晁错的死，也是袁盎非常努力地促成的。

　　他们因为什么原因合不来？抱歉，哪怕我挖地三尺，到处采访，也没查到具体信息。你说这题你会，一定是出于嫉妒！毕竟，景帝朝晁错多红火呀。那么，袁盎会是个柠檬精吗？那我带你了解了解他。

　　袁盎大概也出生在高帝时代，跟学者型人才晁错相比，袁盎没那么高学历。他爹曾经是个强盗，后来移民到别的地方，黑历史才洗白。到文帝时代，经过亲哥袁哙的举荐，袁盎也挤进了官场。

进入官场，这才有了让我"认识"和记录的机会。如果要对袁盎做些标签化的评价，那么我想到的有：耿直、宽容、讲原则。一般情况下，耿直的人，都有些"水至清则无鱼"的特性，是宽容的对立面。然而，袁盎却不是这样，他的性格是"看人下菜碟"。这句话用在他身上可没有贬义，因为，他的耿直完全是对上，宽容则是对下。

举个例子：文帝是由诸侯王晋级的天子，拥立他的周勃自然贵不可言。最开始，连文帝都对他恭恭敬敬，早会结束的时候，经常亲自送他出门。这可让袁盎看不下去了，找文帝私聊，指出了一堆周勃的问题。文帝一听，对呀，自此以后对周勃的态度就没那么卑微了。周勃见皇帝变严肃，心里也紧张，就敬畏起来了。后来一打听，原来是袁盎说了坏话，就跑去责备他，袁盎觉得自己没错，并没有吓得叩头谢罪。后来，周勃被免了丞相，回到自己的封地，已经变得像惊弓之鸟了，结果还有人告他谋反，文帝按律让周勃喜提牢狱之灾。这种时候，没人敢挨着倒霉的周勃，还是袁盎出头，跟文帝担保他无罪。后来果然证实了周勃没造反。

文帝的亲弟弟淮南王刘长犯罪的时候，也是袁盎开口劝文帝采取措施。可等后来淮南王被法律制裁，袁盎又出来指责文帝，说是因为他纵容才闹出来这么多事。看起来，好话坏话都被他一个人说了。实际上，这才是他对事不对人的正义之处。

这样不怕得罪权贵的事，头铁的袁盎还干过不少。上至帝王，下至王侯将相，只要谁做得不对，都被袁盎指着脊梁骨批评过。连文帝的后宫事务，他也会插上一脚。

当时，文帝最宠慎夫人，宠得她有点儿没大没小，敢跟皇后坐一张席子。有一次，文帝带窦皇后和慎夫人游园，累了准备休

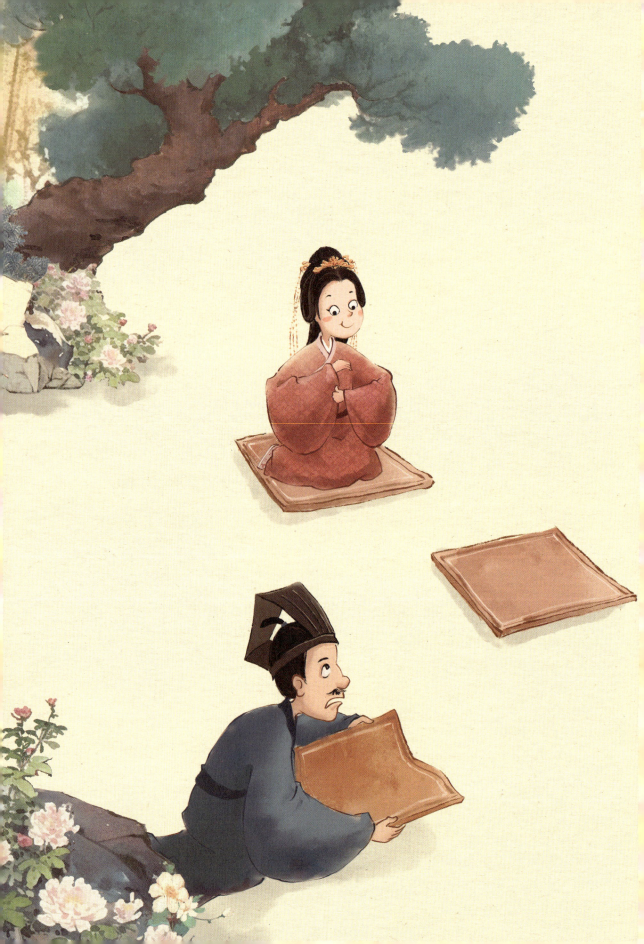

息时，铺席子的人还是按老规矩，把慎夫人的席位放在跟皇后并排的地方。袁盎见状，走上去就把慎夫人的席子往后拉了一点儿。慎夫人觉得没面子，不肯坐。爱妃一生气，文帝更生气，甩袖子走了，袁盎还要追到宫里"爹味"说教，从尊卑说到秩序，又举了当年吕后迫害戚夫人的例子。最后，文帝只能表示"好了好了，师傅别念了别念了，我知道了"。

对上方面，他就是个不畏强权的性格。但对下，他则到处体现宽容。

袁盎早年在吴国工作，手下有个小吏和丫鬟偷偷好上了。丫鬟相当于袁盎的私有财产，是不能偷偷跟人谈恋爱的。袁盎其实早就知情，不过他没把这当回事，装作不知道的样子，对小吏的态度也没啥变化。在他心里，年轻人还能心动，在工作之余谈个恋爱，是极好的生活方式，他为他们高兴。

然而，不知道谁告诉小吏，说主人已经知道他的事了，小吏吓得撒腿跑路。袁盎知道后，也不啰唆，带上丫鬟，赶着马车拼命在后面追。追上后，亲自把丫鬟许配给了小吏，还邀请小吏继续给自己管事。他就像一个给人送温暖的君子。

可就是这样的袁盎，在七国之乱时，逮着机会就力劝景帝杀了国之栋梁的晁错。他是私心作祟吗？其实，这说到底还是怪晁错自己喜欢惹事。景帝上台，晁错成为亲信后，第一反应就是整袁盎，把他贬成了平民。等吴楚七国之乱轰轰烈烈袭来，晁错不解决眼前难题，反而继续揪着袁盎不放，说他当初在吴国工作的时候，收了吴王很多贿赂，为吴王遮盖造反的谋划。现在吴王造反实锤了，应该抓袁盎定罪。

晁错率先向袁盎发起死亡威胁，殊不知，这也是他自己的一道催命符。

袁盎品德好，人格魅力不错，很快就有人把消息传给了他。你不仁，就不能怪我不义了。听说王爷们造反的旗号是"杀晁错清君侧"，袁盎计上心头，拉上同样不喜欢晁错的窦婴，跑去找景帝拱火，说是杀了晁错，诸侯自然退兵。景帝有些动摇，但还没下定决心。正所谓破鼓万人捶，袁盎提议的十天后，新上任的总理陶青、首都卫戍司令陈嘉、最高法院院长张欧几个人又写联名状纸，要求把晁错灭三族。众怒之下，景帝最终决定弃车保帅。

除了袁盎，这些实名要求处死晁错的人，在我们这一朝名声都还不错，甚至大部分都是地地道道的君子。可见，杀死忠臣的，并不一定被钉上耻辱柱。最后，悄悄说一句，我把袁盎和晁错这对冤家合在了同一篇列传，不是恶趣味，是因为他俩的事迹太多交叉，行事作风又太值得对比和反思了。

日闻所不闻，明所不知，日益圣智。

——《史记·袁盎晁错列传》

译文 每天听到一件没听过的事情，明白一个以前不知道的道理，就会一天比一天更加英明智慧。

席地而坐，是坐在地上吗？

  成语"席地而坐"，现在的意思是指随意坐在地上。在先秦到魏晋时期，这可不指人们直接坐在地上。在高脚的凳子和椅子传入之前，中国古人都是用草席或竹席坐卧。

  室内地板上先铺上一层筵，然后，睡觉的地方铺大席子，吃饭和谈事的地方铺小席子。供人坐的席子有单人的，也有多人的。为了保障室内干净，鞋子都不能穿进室内。虽然条件落后，但古代贵族也可爱干净了呢。

西汉·袁盎

史记小百科

周亚夫
不发工资引发的谋反冤案

太阳当空照，懒虫别睡觉。起床起床，美好的一天开始了！今天继续交代平定七国之乱的功臣周亚夫的故事。

周亚夫的人生有点儿神神叨叨。他是绛侯周勃的儿子，不过是老二。这个序号，注定了他没有继承家里爵位的权利，只能自己出去单干。当然了，丞相的儿子起点也不会低，他被派到河内郡做了郡守。

河内有个大名人——看相大师神算子许负。周亚夫也听说了她，闲着没事时，就把她请到家里给自己算命。许负来到郡守府，上看看下瞧瞧，又转着圈儿地观摩了一下，终于有把握地开口了："郡守爷，看相的不说假话，好听的不好听的，你暂且听着，我这就把你的人生履历给你剧透一下。三年以后你会被封侯，再过

八年你会当上将军和丞
相，这就是你人生的巅峰了。
九年以后，你的命运急速下坡，将
来不得善终，是个饿死的命哟。"

　　周亚夫听了哈哈大笑，这个笑充满质疑。他
的理由有两点：一、他认为自己的封侯路只有一条，就
是继承父亲的爵位，但爵位已经被大哥周胜之顶上了。即使
大哥死了，按传统的嫡长子继承法，也该是大哥的儿子继续享受，
怎么样都轮不到他。二、如果真的又能封侯，又能当贵极人臣的
将相，最后又怎么会饿死？

　　许负当然交代不了过程，只从面相指示，说周亚夫脸上到嘴
角的纹理就是这么显示的，这就是饿死的面相。

　　虽然人生已被剧透，但周亚夫并没有把这个放在心上。毕竟，
他哥周胜之不仅当了绛侯，还娶了文帝的女儿，成了外戚，这爵
位怎么也轮不到自己呀。

　　那么，神算子许负失算了吗？

两年后，周胜之突然被废除爵位了。原来，他和公主感情不和，没起到一点加强功臣与皇室关系的作用。后来，周胜之又犯了杀人罪，按汉朝律法，他的爵位被废，整个绛县的封地也被国家收了回去。一年后，文帝想起周勃对汉朝和自己毕竟有大功，不忍心他家没落，想从他的儿子里再找一位好评最多的人来继承爵位。于是，周亚夫被封为条侯，延续绛侯香火。

再之后，周亚夫的每一步都精准踩中了许负预言的节奏。该怎么解释呢？咱也不知道，咱也不敢问。反正，我听到的版本就是这样。

关于周亚夫的发迹，还得感谢文帝会识人。说到这里，我也想预言一下，我接下来要讲的这则故事，以后肯定会火。

那是文帝后元六年（公元前 158 年），大汉的老邻居匈奴又一次入侵边境，文帝紧急调遣了三支防御部队，分别驻扎在霸上、棘门和细柳，周亚夫就统帅着细柳营。文帝是个谨慎仔细的人，虽然派了将军，还是想亲自去瞧瞧大家的军容，顺便慰劳慰劳军队。他先去了霸上和棘门。车马从皇宫出来，一路长驱直入大营，将士们听说天子驾临，更是锣鼓喧天，夹道相迎，一片欢愉和谐景象。文帝在这里感到了满足，于是转去下一个细柳营。谁知道，周亚夫竟然差点儿让皇帝吃了闭门羹。

难道周将军不在家？非也。天子光明正大地亲临哪里，都要事先下发通知，细柳营不可能不知道。可当文帝的先驱队赶到时，站在门口的军官竟然都身披铠甲，手持利刀，张弓搭箭拉满弦对着外面。

文帝的亲信们面面相觑，赶紧下马通报说皇帝来了。谁知道，细柳营的军门都尉来了句放在始皇时代可能会"三族消消乐"的话："我们将军说了，在军中，大家只听将军的命令，不听皇上的诏令。"大家堵在门口七嘴八舌吵着，文帝那舒适度极高的车

驾也到了，军营门卫还是梗着脖子不肯放行。

　　文帝只好拿出符节，说天子要劳军。门卫接过符节，这才派人去禀报，周亚夫终于下令开了大门。但他仍没有出来迎接，而是让文帝自己进来。文帝的司机刚准备扬鞭驾马，门卫又一次阻拦，说将军规定军营里面不准快马奔驰。文帝也只好乖乖命人把缰绳拉住，让车马缓缓前进。这情形，围观群众一时也分不清谁才是说一不二的天子。

到了大营内，正在练兵的周亚夫手里握着兵器，只是对文帝作揖行礼，说穿着甲胄（zhòu）不方便下跪，就用军礼参见了。听到这话，文帝不但没生气，还肃然起敬。虽然在军营里处处被约束得像三岁小孩，但我们文帝是明君，不会无能狂怒，甚至还眼含热泪，非常感动地跟身边的人说："周亚夫才是真正的将军！在霸上和棘门看到的简直就是儿戏，匈奴打来了，他们肯定是俘虏，而周将军这样的人，谁敢侵犯？"

因为这次事件，文帝不久就给周亚夫升职加薪，做了指挥禁卫军、掌管京畿安全的中尉。文帝快走完自己的人生时，还跟太子留言说，以后要是遇到什么危难的事，可以派周亚夫上。于是，新上任的景帝又给周亚夫升级，让他成了大汉仅次于大将军和骠骑将军的车骑将军。这就是许负说的当上将军。

七国之乱时，周亚夫是平叛的主力功臣。他再次进阶，当上了他爹当过的丞相。问题来了，丞相怎么会饿死呢？因为，周亚夫太耿直了。而且，这种耿直在没有学过说话的艺术时，就显得有点儿横冲直撞。

当上丞相后，周亚夫开始在其位谋其政。朝廷里有点儿什么看不惯的事，他都要插嘴过问，一年要提几百个反对景帝的意见——景帝要废太子，他反对；景帝要厚待投降的匈奴人，他强烈反对；景帝要封老婆的兄弟，他搬出高皇帝的祖训反对……搞得景帝很烦他。

更可怕的是，这种烦还会延伸、扩大。景帝经常会想，他对先帝和自己这个老皇帝态度都那么傲，以后还能臣服于自己的接班幼崽小刘彻吗？说到这里，我不得不隔空安慰老先皇一句，他儿子厉害着呢！当然，景帝是没机会见到这些的，于是，他总觉得周亚夫是个威胁。在一次摆宴席试探后，周亚夫还是没通过考验，景帝看他的眼神终于露出了杀气。

正好，周亚夫的儿子掐准时机给景帝"递"了一个很好的借口。汉朝人流行生前置办死后物品，为了孝顺爹，周亚夫之子在皇家造办处买了五百件皇家才能用的甲盾，准备给爹死后陪葬。这显然是春秋战国的遗风。秦始皇有兵马俑军团，文臣有钟鼎玉器，将军的墓里自然就是他们最看重的"男人装"——盔甲装备了。

事情本身的性质没什么问题，可实操过程中出岔子了。当这些甲盾运送到侯府时，竟然没人结算工钱。侯府当然不缺钱，可他们就是要拖欠农民工工资。农民工们一怒之下跑去找官府告状，说周亚夫的儿子要造反。

周亚夫的儿子造反，就是周亚夫造反。消息很快传到宫中，景帝大喜过望，忙派人去追查。办案的狱吏以称职的速度来到侯府责问周亚夫，周亚夫白了他们一眼，心说你们也配责问我？根本不屑答话。然后，周亚夫被押到廷尉那儿受审。

有皇帝的授意，廷尉办事很大胆，开口就指责周亚夫要造反。周亚夫辩解，我买的都是死后的陪葬品，怎么造反？旁边的狱吏接话说："你就算不在地上造反，也要去地下造反！"好家伙，连泰山府君那儿的叛乱威胁，都被他们给提前消除了。

周亚夫被关进了监狱，这对一个曾经叱咤疆场的将军来说，实在是莫大的侮辱。他后悔当初狱吏来抓人的时候，他没有自杀成功，以至于现在还要受这种羞辱。于是，他决定绝食。第五天，傲气的他胃出血而死。

如果说，"士可杀不可辱"的故事展现的是春秋时贵族的傲气，那么，这种傲骨在中国文化血脉里从未间断过，周亚夫就是传承人。

史记原典

彼背其主降陛下，陛下侯之，则何以责人臣不守节者乎？

——《史记·绛侯周勃世家》

译文 他背叛他的主人投降陛下，陛下封他为侯，那以后咱们用什么责备不守节的臣子呢？

赏析 这是周亚夫反对汉景帝要封匈奴投降者为侯的话。匈奴人投降过来固然长了汉朝威风，但在他自己的国家则是叛臣。如果厚待叛臣，以后汉朝也有反叛甚至勾结外敌的人，该怎么对待？可以说，周亚夫的话很有道理，却没有考虑时代大局的需要，以及优待投降者可能带来的效应。

古代盔甲是什么材质？

盔甲，是指头盔和身上的防御甲。盔甲有金属制品，也有皮制品，早期的甲多由一些坚硬的动物皮制成。商代的"甲"字是个象形字，看起来像动物身上的硬壳，"甲"的本意也是如此，是动物用来防身的那些"硬件"设施。所以，写在乌龟壳上的文字，就被称为甲骨文。从动物叠甲防御得到灵感，先民们也开始从动物身上攫取可用价值，制作出了人类作战中的防护服——"甲"。

犀牛皮、鲨鱼皮是制作皮盔甲的优质原材料。动物的皮被剥下来后，要经过很多道加工程序，让皮变成硬壳，这样才能达到防御效果。不仅人能穿皮甲，战马的头、背、肚子、脖子、臀部也有皮甲防护。

史记文学小课堂 — 叙事艺术

传奇故事增强可读性

《史记》里写了很多富于传奇色彩的故事。比如刘邦放走劳工们后，带着愿意跟随他的十多个人在夜间赶路时，被一条白蛇挡住去路，刘邦便拔出剑斩断了白蛇。等后面的人走到斩蛇的地方，就见一个老太太坐在路上哭，说她的儿子是白帝的儿子，变成一条蛇挡在路上，现在却被赤帝的儿子斩杀。人们听后，越发觉得刘邦不是普通人。写秦始皇晚年的行迹时，也插进了很多怪异反常的事情，用来预示秦王朝的末日即将到来。而周亚夫、卫青等人的人生发展轨迹和结局，早已被算命大师言中。

这些故事大多并不是真实的，但读来引人入胜，为历史人物和事件带来了更多的传奇性。

汉武帝
成功的路上全是女人

  在本朝写本朝事，多多少少有点儿不方便。写我们家皇帝，那就更是有点儿不顾自己死活了。所以，我才写完初稿，就有人报告给了皇帝。皇帝也不多话，只要我带着书的"本纪"部分给他瞧瞧。等他瞧完再还给我，我翻开一看，好家伙，内容已经面目全非了。《孝景本纪》被大手一挥删减无数，至于我们家皇帝的《今上本纪》那一卷，直接就被销毁了。所以，你们现在看到的《史记·孝武本纪》，都不是我原来的内容，只是有人把《封禅书》里的内容填了进去……

  你叫我再复原一下原来的内容？亲，如果你想让我死，可以直说的。但我决不会答应，因为我还有很多故事没讲完呢。

  既然我们家皇帝这么敏感，我能讲他点儿什么呢？就说说风

花雪月的八卦，讲一讲是谁给他送来了这个皇位吧。

　　我家皇帝是景帝十多个儿子中排行并不靠前的一个，本名刘彘（zhì），翻译过来就是猪宝宝的意思。在嫡长子继承的铁律下，他跟皇位是毫无缘分的。那么，是谁助力了他？第一个当仁不让的是他老妈，也就是当朝太后王娡（zhì）。这个老太太可不一般。说出来你可能不信，她在进入皇宫之前是结了婚生过娃的。

　　这就要说到我们家皇帝外婆的不简单了。外婆叫臧儿，是高皇帝那会儿的燕王臧荼（tú）的后代。臧荼造反，臧家没落，臧儿只能嫁给隔壁老王，她女儿的结婚对象自然也是普通人了。然而外婆不想认命，怎么改变命运呢？找我们这会儿的高端科技——算命先生剧透人生。

算命的来了以后，先是夸了一通臧儿的小女儿——也就是我家皇帝的小姨——是个贵人相。等大女儿回娘家，算命的大惊失色，忙表示开了眼了，眼前这位可以生天子呀。臧儿听了眉飞色舞，当即让大女儿离婚，送到宫里去了。就这样，我们皇帝有了出生的机会。

第二个贵人是皇帝的姑妈，馆陶长公主刘嫖（piāo）。公主是文帝和窦皇后的大女儿，文帝领盒饭后，她以景帝姐姐的身份成了长公主，货真价实的当朝一姐。她还有另一个身份——孩子他妈。公主嫁给了堂邑侯陈午，一连生了二子一女，所谓"父母之爱子，则为之计深远"，眼看着三个子女日渐长大，掌握各种资源的公主总想把最好的都给他们。特别是小女儿陈氏，江湖人称阿娇，公主想亲上加亲，让她嫁回皇家去。

嫁回皇宫，那只能是跟老弟的孩子们联姻了。公主最先看上的是景帝的长子刘荣，没有其他原因，只因为他是当朝太子。阿娇如果能嫁给刘荣，以后就是板上钉钉的皇后。

不过结婚这事不能一厢情愿，公主这边看好了，还得问问人家爹妈。爹那边问题自然不大，关键的是孩子他妈。作为景帝一朝最有权势的女人之一，长公主一直是别人巴结的对象，面子甚至可能比景帝还大，所以她大方地找栗姬提倒亲去了。

然而，公主并没有得到预想中的"好哇好哇，求之不得"，才一开口，栗姬就表示婉拒。与长公主联姻，以后的人生就是扶着栏杆上楼梯——稳稳当当，栗姬为啥要拒绝呢？

原来，栗姬早就对公主恨得牙痒痒了。最初，景帝和栗姬情投意合，娃儿也生了好几个，可公主没事找事，业余爱好就是给老弟介绍对象。而且，每一个由公主推荐来的女人，业务能力都超强，受宠程度很快就后来居上了……栗姬背后不知道诅咒过公主多少次，早憋着劲想报复，这会儿才算出了这口陈年恶气。

在栗姬眼里，她儿子是太子，她迟早要登上高台做最强的女人，根本不需要忍气吞声给公主面子。

长公主万万没想到，在这个皇宫里竟然还有人敢对她说"不"。她当即拨动了心里的小算盘：当初刘荣成太子，确实没靠她出力，但把他拉下台，自己还是有这个能力的。在她看来，不是阿娇配给太子做太子妃，而是阿娇嫁给谁，谁才是太子。

没错，长公主打算启动换太子剧情了，尽管太子是一国的根本，想换没那么容易。自古以来，各家对太子的培育都是下了血本的——太子的班底类似于一个微缩型朝廷，除了太子太傅、太子太师等各种老师，太子府还有很多员工，他们都是这位见习皇帝的势力。其根基深稳到皇帝都没法随便乱动。可大姑妈一怒，管教太子换新人。根基深稳，那就挖根基的墙脚嘛。

见公主眼神杀人，走路带风，当时还只是后宫美人的王娡知道机会来了。这不，公主和王美人很快聊上了天。两个女人怎么快速成为闺蜜？最简单的办法就是吐槽另外一个女人。我来大概还原一下她俩唠嗑的情形：开始是公主怒骂，然后是王美人附和的声音，痛斥栗姬不懂事，为阿娇鸣不平。甚至，王美人表现得比公主还愤愤不平。公主发现王美人这么上道，抛出橄榄枝，问她要不要结个亲家。王美人辛辛苦苦陪聊半天，等的就是这句话，当场点头答应。说话间，当时才几岁的我家皇帝就这样被包办了婚姻。

接下来，由王美人打配合，长公主管输出，两人齐心合力拉刘荣下台。公主知道刘荣最大的保护伞就是他妈栗姬，至于其他的什么根基，只要树倒了，没有猢狲会继续待着。于是，她开始行使自己的话语权，每天找老弟说栗姬的坏话。假话说了一百次，

西汉·汉武帝

听的人也会当真，谗言的杀伤力是很可怕的。何况，栗姬本身也不是完美女人。同时，长公主每天把"猪宝宝"拿出来对比，说他是老弟登基后的第一个儿子，又乖又有好运加持。

心里已经动摇的景帝趁自己生病对栗姬做了一把摸底考，说希望自己死后，栗姬能好好对待其他孩子。话怎么说是话术，话怎么听就看个人智商了。如果这话被王美人听到，毋庸置疑，这

是皇帝在托孤啊，能够照顾皇帝其他孩子的人会是什么身份？自然是将来母仪天下，进而升级成太后的嫡母。可栗姬一听要照顾情敌的孩子，脑子里的水和面粉立马启动，搅成了一团糨糊，当时就气得跳起来大骂。

这下好了，一出托孤戏变成了"没头脑"和"不高兴"。

景帝头上飘过一排字：脑子是个好东西，真希望你有。厌恶地看了一眼栗姬后，景帝内心的主意已定。这时，王美人也出来趁热打铁，出资找人给景帝打报告，请求把栗姬扶正当皇后。景帝认定了这是栗姬派来的人，余怒未消的心情又碰到撞枪口的，那真是天雷勾地火。天子一怒，就要发生流血事件了，景帝处死了打报告的人，又从齿间蹦出一句话："废太子刘荣为临江王。"你不是想当皇后吗？不是母以子贵吗？现在子倒台了，母还能贵到哪里去？

这么草率地废太子，当然有人反对。太子的老师窦婴和丞相周亚夫都强烈抗议，耐不住景帝吃了秤砣铁了心。栗姬听到消息后，把自己给气死了。现在终于轮到长公主和王美人坐收渔翁之利了吧。

别急，还有一个小插曲。我们家皇帝的奶奶窦太后见太子被废，她有话要说了。

窦老太太也是个有私心的妈，王美人想让自己的儿子当皇帝，窦老太太也想。而且，她还想两个儿子轮流当。早在几年前，窦太后就希望大儿子景帝可以把二儿子梁王刘武立为接班人，可惜当时有窦婴阻拦。现在，太子之位又空出来了，老太太抓紧时机，旧话重提。

人爱儿子当然胜过弟弟，景帝自己不方便出面，就托付了口才好的大臣去给老太太讲故事，专挑那些兄弟接班带来的连环杀人案说。老太太被上了一堂历史课，这才忍痛放弃了这个想法。

劝退了奶奶，接下来才终于到了王美人团队收果实的时候。废黜刘荣的当年，王美人被立为皇后，过了几天，六周岁的猪宝宝也晋级成了太子。而这一切的发生，可以说是栗姬的笨促成的，也可以说是馆陶公主的贪、王娡的慧联合演绎，而我家皇帝完全算是"人在家中坐，喜从天上来"，被命运之神砸中了。

这些八卦类的故事，很多都被我放入了《外戚世家》。这里面都是皇家的秘史哟。

史记原典

浴不必江海，要之去垢；马不必骐骥，要之善走。

——《史记·外戚世家》

译文 洗澡不一定非得去江海，能洗去身上的污垢就行了；马儿不一定要千里名驹，能长途跋涉就行了。

古人修行多奇葩，有的竟然要求吃屎

秦皇汉武都爱求仙。汉武帝时，大师给出一个长生不老的方案：修座几十丈的高台，台上放个用铜制作的承露盘，上面再设计个大手掌托着玉杯，表示可以承接露水。有了神仙露水，拌上玉碾成的粉末喝下去，就能见效。

喝玉屑还不算坑人的，东汉时有个"老神仙"带某人成仙，其中有各种历险，最后一关竟然是让人吃带蛆虫的粪便……真让人忍不住问一句，要是这方法管用，玉皇大帝该吃了多少啊？

张骞

任务失败，也很成功

　　作为稳定的定居民族，我们大汉旁边一直住着一个不太友好的邻居——匈奴。说起来，这个民族也算祖传下来的敌人，秦朝和更早的周朝时，他们就住在我们中原人周围。匈奴以畜牧业为主，哪里水草丰茂就去哪里住，生活漂泊。一旦老天爷不给面子，来个天灾什么的，他们获取生活物资基本就靠打劫，算是我们中原人的命中一"劫"。

　　这么多年，匈奴保持了他们的"劣迹传统"，动不动就劫个财。大汉跟他们也是恩怨不断，前面几位皇帝都被匈奴折磨得很苦恼，直到我家皇帝登基。他一直有个为祖先们雪耻的梦想——反击匈奴，改变帝国局势。建元三年（公元前138年），在听了一个故事后，皇帝打算将这个梦想落地。

故事的主讲人是个
"新汉人"——投降来的
匈奴人。他带来了一个我们不
知道的恩怨：很多很多年前，在祁
连山和敦煌一带，住着一个叫月氏（zhī）
的少数民族。同样作为马上民族，月氏人的
武德和匈奴不相上下，加上双方都不太会处理邻
里关系，两国经常打群架。到匈奴冒顿单于的儿子老
上单于那会儿，月氏大败，月氏王的头盖骨都被匈奴做成了
酒器，两国结下了解不开的大仇。

话听到这里，皇帝明白了匈奴人的"卖国"建议。如果能联
合这个实力不弱的月氏围攻匈奴，成功率不是直线翻倍吗？皇帝
的笑容还没咧到嘴角，讲故事的人紧接着泼了一瓢冷水：在经过
匈奴的连续打击后，月氏已经采取"惹不起躲得起"的策略，远
走高飞了。地球那么大，只知道他们一路向西去了。

这个信息真是有用，但不多。不过，皇帝还是想抓住一线希望，
诚聘一批胆大又有方向感的人组团去找月氏。很快就有一百多号
人报名，一个爱国青年也积极响应，应征入伍，他叫张骞。于是，
这支队伍由张骞领队，开始"西天找人"。

这趟旅程注定不好走，因为要去找月氏，必须经过匈奴的领
地。没办法，匈奴一统草原后，他们的地盘太大了。找敌人对付他，
还要他给你让路，只要匈奴人的脑子长在头顶上不是为了显高的，
想必都不会同意。所以，明着提"借路申请"是行不通的，只能
偷渡过去。

然后，当皇帝每天在这儿盼星星盼月亮地等消息时，张骞失
联了。一年、两年、三年……他就像人间蒸发了一样，想靠他找

盟友对抗匈奴的计划只能宣布破产。直到十三年后，大汉已经单独作战，和匈奴打了好几个来回，张骞才风尘仆仆地回来，给我们讲了这些年的经历。

原来，张骞带的小队伍刚进入匈奴境内就被人发现，送到了单于那儿。听说张骞等人要去月氏找朋友，军臣单于被气乐了："月氏在我北边，汉朝人怎么可能从我这儿跨过去找他们？我要是想跟你们旁边的南越眉来眼去，从你们汉境走过去，你们同意吗？"虽然单于不知道张骞他们找月氏的真正目的，但这种横穿匈奴去找另一个政权的行为，完全是不尊重他们，不把他们当主权国家呀。于是，张骞一行人都被限制了人身自由。

当时汉、匈虽然时不时干一架，但也早就和亲了好几次，双方都想拉拢对方的人才给自己出谋划策。单于扣留了汉使，也没多为难他，还出了个强制移民的政策——给张骞娶了匈奴老婆，让他自此忘掉国籍，变成匈奴人。

那么，已经在匈奴娶妻生子的张骞会被异域同化，丢弃大汉皇帝派给他的任务吗？并没有！这一方面是因为张骞的个人品格优良，另一方面也是大汉以及中原国家长期教育的结果。

中原自古就有"华夷大防"的概念，我们认为自己是华夏正宗，是文明正源，其他少数民族都是没有文化的野蛮人，只配与禽兽为伍。这种强大而悠久的民族观念和文化自信，自小就根植在每一个受教育的人心里。在身份认同上，我们很难像匈奴人一样，哪里好就到哪里混。所以，尽管在匈奴生活了十来年，张骞也时刻没忘记自己是汉人，身上还背负着为大汉沟通的使命。

而十几年来的低调行事，也让匈奴人放松了对张骞等人的盯梢。张骞终于找到机会，带着手下上演了一幕"草原越狱"，一直往西跑了几十天，总算遇到了不同于匈奴的人烟。这个国家叫大宛（yuān）。虽然距离遥远，但我们大汉人多钱多的名声还是传到了这里，他们也一直想跟汉朝交个朋友，建立贸易关系呢。大宛王有朋自远方来，不亦乐乎，客气地招待张骞一行人。

张骞重金许诺，请大宛王派人带他们去找月氏。大宛王于是派了翻译和人肉导航，一直把张骞他们送到了一个叫康居的国家。康居王得到"财源广进"的承诺，也派车马把张骞他们一步到位送到了大月氏。

少年英雄江湖老，饱经风霜的张骞终于到达了目的地。但问题是，大月氏比原来预想的还远了很多。因为，他们不止被匈奴打败，还跟另一个叫乌孙的政权也互殴了很久，失败者只能一路搬家，搬到了妫（guī）水（今阿姆河）附近，跟身毒（印度）人当了邻居。在这一带，月氏终于成功扳回一局，把当地一个叫大夏的政权打趴下，占了他们的地盘，生活得很滋润快乐。

预想中的盟友变强了，这是好消息，还有一则坏消息。这里土地肥沃，物产丰富，周边邻居都很弱很庂很好对付，所以，月氏人再也不想回去过被人欺负的日子了。而且，月氏的国王被匈奴杀了以后，现在是他夫人当家，女王倾向稳定的生活，早就没了找匈奴报仇的心思。面对又远又不熟的大汉，女王回绝了我们的加好友申请。

张骞不甘心，千里迢迢，历经千难万险才终于找到月氏，如果因为自己的口才不够好而不能完成使命，那就太遗憾了。于是他又跑到大夏境内，面见其他的月氏贵族。然而，无论怎么雄辩和利诱，月氏人始终没有给出明确答复。这一滞留，就在月氏过了年，张骞终于待不住了，决心返回汉朝。

说起来，张骞也真是倒霉。之前被匈奴人抓住扣留了，这一次他本来决定从羌人的地盘返回汉朝，结果回来的路上还是被匈奴逮了个正着。匈奴人还是很好说话，继续让他跟当地的老婆团聚，努力同化他。

就这优厚的移民政策，张骞感动了吗？哪有文明爱慕野蛮的，勉强在匈奴又待了一年多，张骞连行囊都没摊开，时刻准备着开溜。正好赶上军臣单于一命呜呼，趁着匈奴国内争王位的间隙，张骞带上老婆孩子，朝着汉朝方向一顿猛奔。

终于，大汉的旌旗飘进了他们眼里。表明身份，由一路的郡县沿途护送，张骞回到了长安。这一年，已经是元朔三年（公元前 126 年）了。

不管张骞这一路有多艰辛和努力，严格来说，他们的出使并

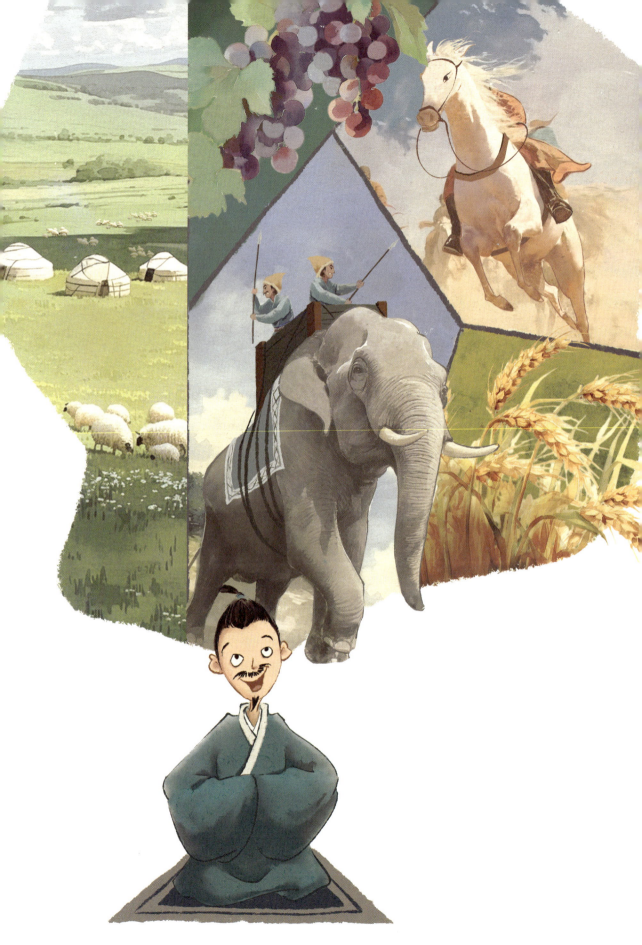

没有达成目标，是失败的。张骞难免有些忐忑，该怎么跟皇帝汇报工作呢？

好在，这些年发生的事太精彩了，而且大多数都是利好大汉的——在大将军卫青的带领下，我们从匈奴手上抢了不少地盘回来。形势一片大好的局面下，张骞有没有搬来友军其实都不太重要了。所以，见到张骞重新站在大汉土地上，皇帝的喜悦远远大过失望，连忙拉着他表示要听故事。

说到这个，张骞可就不困了。这些年开阔的眼界，把眼睛都撑大了一倍。于是，他一股脑儿把那些与我们大汉风俗、山川地貌等完全不同的国家像报菜名一样报了出来，顺便介绍了他们的习俗、人口多少、以什么为生、有多少兵力、和大汉的距离等等。皇帝大呼有用的知识增加了。这也成了我记录《大宛列传》的第一手资料。

可以说，虽然没有实现最初的战略目标，但张骞这一路也不是一无所获。他行经几万里，见识了各国的风土人情，不仅是大汉"开眼看世界"的第一人，也给我们的外交和贸易带来了很大突破。那些打过交道的国家，都是后来大汉在军事或经济上的战略合作方。我们把货物运输转卖到西域，西域的商人又把他们的特产输送到长安。一时间，我大汉的首都成了举世闻名的国际都市。远在万里之遥的那些"番邦"，应该都听过我们的盛名！

所以，在写张骞的故事时，我把他开辟出这条贸易路（丝绸之路）创了个专有名词，叫作"凿空"。

令外国客遍观仓库府藏之积，见汉之广大，
倾骇之。

————《史记·大宛列传》

译文 请外国来的客人观看仓库里的收藏和积累，大家见到汉朝的广博和强大，都吓到了。

史记小百科

博望侯成了汉使的代称

因为前面的出使是张骞带队，后来他的副手继续出使的时候，都会自称奉汉朝皇帝和正使博望侯张骞的命令。于是，西域各国对"博望侯"这个招牌特别认可。此后，只要出使他国的，都得自称是博望侯，那些国家才相信他们是汉朝官方的正牌使者。

自此，张骞的博望侯不再是汉朝的一个侯名，而成了一个概念，一张被各国认可的诚信名片。张骞开创的那条丝绸之路，更是在几千年里承接着中西方文明的交流和碰撞，让所有的文明都不再是孤岛。

汉匈战争
大汉和匈奴的正面对决

今天，让我当个战地记者，看看我武德充沛的皇帝到底指挥我们跟匈奴打了哪些仗。

从高帝被匈奴包了一回饺子，我大汉和匈奴的仇算是结下了。虽然有刘敬的和亲政策，但匈奴这个蛮夷民族不仅没有武德，也不讲任何道德，隔三岔五还是会跑来骚扰我们的边境人民，可让人头疼了。对此，文帝和景帝也很无奈，只能尽力搞边防，派将军围着边境驻扎。如果匈奴不搞事，边境人民才能过点儿安生日子，差不多可以算是在匈奴人手底下讨生活了。

这让人憋屈的局面，一直延续到年轻气盛的我家皇帝上台。皇帝从小喜欢翻家族历史，在翻到吕后时期的一件事时，他当场绷不住了，青筋暴突，发誓一定要打翻身仗，把情势反转过来。

啥事把我家皇帝气破防了呢？当时，高皇帝刚刚去世，匈奴的冒顿单于听说后，千里迢迢给吕后来了封信。信里说什么自己没了老婆，吕后没了老公，两个孤独的人正好可以搭伙过日子。这话对我们汉人来说，那是伤害性不大，侮辱性极强。吕后是个刚烈性子，当场把信甩在地上骂骂咧咧。她妹夫樊哙也是个火爆脾气，嚷嚷着给他来十万人马，他去踏平匈奴这个"嘴炮"。然而，经历过白登山屈辱的汉初人民都知道，此时的樊哙才是"嘴炮"放大话，高皇帝带几十万大军亲征，只打出了个大汉的敏感话题，更何况是他。吕后也只好收起脾气，态度温和地给冒顿回了封信，又是赏钱又是送公主安抚。

对此羞辱，后可忍，帝不可忍。上台不久，我家皇帝就着手布局对匈奴的一盘大棋，就是派张骞出使，找人也把匈奴包回饺子。可使者张骞往人海里一钻，就泥牛入海，消失得无声无息。皇帝只好放弃了这招，重新摸索新路线。

建元六年（公元前135年），也是我出生的这一年，把持朝政多年的窦太后寿终正寝，皇帝开始实实在在地亲政，改年号为元光。他终于打算把自己压在心里多年的计划付诸行动了——主动打匈奴。

细碎的就不说了，我只挑大的讲。我大汉对匈奴的战争，大概可以总结为三个阶段。第一个阶段叫作"马邑之谋"。

马邑之谋的起因，还得从一场新的和亲讨论会说起。元光元年（公元前134年），匈奴那边又一次派人来索要公主和亲。皇帝正憋着跟匈奴翻脸呢，根本不想再派公主，就让大臣们讨论讨论可行性。管礼仪的大行令王恢竟然比武将还勇敢，他积极支持皇帝要给匈奴点儿厉害看看的想法，还主动提供了一个行动方案。准确地说，是一个陷阱：先同意和亲，降低匈奴人的防范心，然后请来自边境小城马邑的商人聂翁壹演一个卖国贼，带领匈奴来进攻自己的家乡。此时，大汉派精兵埋伏在旁边，就可以打一场漂亮的伏击战。

皇帝对此很赞同，当即点兵三十万，于元光二年六月出发。此次军事行动兵分几路，伏击的伏击，偷粮草的偷粮草。结果，一顿操作猛如虎，偏偏忘了匈奴人也是有智商的。当匈奴军臣单于飞奔来找聂翁壹接收马邑县时，走着走着，突然发现了诡异的地方。这里咋只有牛羊，一个活人都没有呢？正常情况下，牛羊都有牧民带着呀。嘿，这是大汉精心设计的陷阱，百姓早就被遣

散走了，怎么可能会有人呢？军臣单于顺手抓了个小吏拷问。小吏骨头不硬，嘴也很软，马上把大汉的全盘计划告诉了匈奴。军臣单于大惊，赶紧一声呼哨，带着老乡们打马回家。

听说匈奴跑了，汉军这边都蒙了，没有一个人敢临机应变，主动阻击。于是，马邑之谋的行动只能宣告破产，相当于三十万人浪费巨款去公费旅游了一个月。

这是大汉第一次对匈奴人转被动为主动，虽然计划失败，还是惹怒了一直把我们当绵羊看的匈奴人。于是，匈奴对大汉展开了疯狂报复，不断骚扰边境。我们皇帝也不是个忍气吞声的主，既然撕破脸，那大家都不装了，索性拒绝和亲，把战争主旋律唱下去。

接下来，就来到了我大汉全面反击的第二个阶段。

皇帝精心培养了妻弟卫青，并在马邑之谋四年后投入使用，发起对匈奴的主动正面进攻。结果，初出茅庐的卫青很争气地成功斩杀了七百多个匈奴人。别看收获微小，却是大汉迈出的一大步。

卫青积极总结作战经验，于是，打起来也更加顺手。接下来的三年，卫青从四面八方打击匈奴，轻轻松松就抢到了黄河河套南岸的地区。大汉在这里修了座朔方城，地图上也添了两个新郡：朔方郡和五原郡，彻底解除了匈奴对长安城的威胁。

元朔三年冬天（公元前126年），心里很烦恼的军臣单于终于不用烦了——死了。他弟弟打跑大侄子，自立为伊稚斜单于。平复好内部后，匈奴开始报复，对大汉边境不断伸手戳一戳。皇帝看在眼里急在心里，暗暗发誓将来要他们好看。为啥干着急呢？因为得筹钱才能继续打下去。

三年后的元朔六年，经过一系列"割韭菜"的经济政策，大汉军队的钱包又鼓了。于是，皇帝亲自按下了漠南会战的启动键。熟悉匈奴打法的卫青继续担任大将军，带着六个大将，全军向匈奴进发。六军初战告捷，斩杀了几千人。一个多月后，全军又从定襄出兵，杀死和俘虏了一万多人。

然后，不出意外的话，意外就来了。右将军苏建、前将军赵信带着三千多骑兵，不幸遇上匈奴单于的大军。双方交战一天一夜，三千多人几乎被全歼。赵信本来就是投降汉朝的匈奴人，危急时刻，干脆又一次转身，回投匈奴去了，苏建苦战才逃脱。

这次漠南会战，其实收获也不小，但手下遭遇惨败，又有人叛逃，成了卫青的一次失败经历。所幸，这次卫青的外甥，年少的霍去病也出发了。他带着八百精锐长途跋涉，直闯匈奴老家，斩获匈奴两千多人，活捉高官若干，威风无限。

接下来，在霍去病和卫青的联合打击下，匈奴被整得晕头转向，恨不得低头认屃。此时，投降回去的赵信又给他们出了个"累死汉朝"的主意，建议匈奴不跟大汉当邻居了，跑远点儿，让大汉的兵马累死累活、奔袭千里，他们只需要以逸待劳。这实际上是帮我们解决了边境问题。我们聪明的皇帝预判了赵信的预判，没有跟着追，而是调转马头，把河西走廊打了下来，为大汉扩充了版图，设置了武威、张掖、酒泉、敦煌"河西四郡"，边防线一下就拉长了很多。

所以，第二个阶段的作战算是完美实现了战略目标：扫除了匈奴的西部力量，把他们赶回了草原深处。接下来就是第三个阶段：汉匈战争的收官。

匈奴见大汉没跟牌，感觉自己亏大了，又跑回来骚扰边境。皇帝很生气，要不是缺钱导致技能冷却，我们早去挖地三尺找他们了。几年后，元狩四年（公元前119年），经过盐铁专卖等一系列圈钱准备之后，皇帝终于发动了最后一次"揍匈奴运动"。

此次动用了十四万骑兵、十四万战马，以及十万步兵和后勤人员，由卫青和霍去病兵分两路深入漠北去找匈奴。经过我就不多说了，只看结果。

卫青这支是对战匈奴单于的主力，匈奴被打得溃逃，可惜打配合的两位将军迷路，没能合围活捉单于；霍去病这支跨过大漠，活捉了匈奴各种贵族八十三人，并在狼居胥（xū）山和姑衍山举行了祭祀天地的仪式。从此，匈奴只能跑得更远，再也不想惹可怕的大汉了。漠南地区也再没有了匈奴的势力。

我们皇帝也算为后世子孙打下了非常利好的友邻局面。

史记原典

其俗，宽则随畜，因射猎禽兽为生业，急则人习战攻以侵伐，其天性也。其长兵则弓矢，短兵则刀铤（chán）。利则进，不利则退，不羞遁（dùn）走。苟利所在，不知礼义。

——《史记·匈奴列传》

译文 匈奴的风俗是，平时没有战事时就放牧牲口，以射猎飞禽走兽为生；有紧急情况时，则人人练习攻战本领，以便侵袭掠夺，这是他们的天性。他们的长兵器是弓箭，短兵器有大刀短矛。形势有利时就进攻，不利时则后退，不把逃跑当作羞耻的事。只要有利可图，他们就不顾礼义。

匈奴就是西方的匈人吗?

　　有一个很著名的江湖传言，说匈奴被汉朝打残后，一口气跑了很远，有一些甚至翻山越岭，跑去了全新的领域——欧罗巴，也就是欧洲。因为，公元 4 世纪时，欧洲出现了一个叫匈人的少数民族，他们最著名的一个王名叫阿提拉，曾挥舞着"上帝之鞭"，一路横扫欧洲，打得东罗马帝国和西罗马帝国瑟瑟发抖。这个匈人也是北方的狼族，擅长骑马作战，和匈奴人的发音有点儿接近，有人就把他们联系在了一起。

　　后来，这种说法传到了中国。其实，匈人很早就出现在了欧洲，与中国文献记载的匈奴人长相和经历都完全不同。二者之间没有完整的证据链，并不能直接画等号。

李广
是运气太差还是能力不够？

　　今天有人问了我一个问题，在我朝，我觉得最可惜的一个人是谁？我不假思索，脑海里就出现了李将军的名字。

　　李将军名广，虽然生活的时代有交集，但其实我跟他并不算熟。主要是因为年龄相差太大了。不过算起来，他还是我的老上司。在刚刚靠着我爹的关系网进入朝廷时，我当的是朝廷一抓一大把的郎中，而李将军此前一直是郎中令。虽然我和他几乎刚好错过，但他儿子李敢又接替他做了郎中令，还是我的顶头上司。同事们坐在一起闲聊的时候，总会说起这位老上司。所以，李将军的故事，我敢用名誉保真。

　　李将军是陇西人，在文帝时进入了国家抵抗匈奴的队伍。少年李将军报名从军，初战就以小兵身份杀得匈奴翻飞。没亲历战场的文帝光靠动植物园里打猎的画面都能想见他的英姿，感叹说：哎呀，你如果出生早点儿，在我爹高帝那会儿，当个万户侯都是小意思。

万户侯，我严重怀疑，就是这句话给李将军种了个苦因，成了他一辈子的心病。

文帝那句话表面上是夸张，实则表示他的国策是休养生息，没有多少让李将军表现的机会。但接下来，我大汉可是个风云际会的时代。景帝时，开局的七国之乱李将军也参加了，他一马当先，夺了重要地区的敌人军旗。本以为前途差不多该稳了吧，然而，李将军实在缺乏对政治的敏感，竟然与景帝不太满意的亲弟弟梁王搭上了关系。自此，他就被排除在了朝廷之外，整个景帝一朝都待在跟匈奴作战的第一线，狂刷经验值。这些地方也成了他的个人秀场。

某年，景帝派身边宦官去监察李将军。头一次出门的宦官刚到边境就带着几十名骑兵出去跑马，结果不巧遇上三个匈奴人。敌人相见，最好的交流方式就是一箭为他们"开脑洞"。几十个人对付三个人，怎么着也该轻松围歼，可出来逛的匈奴

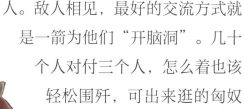

三人也是艺高人胆大，我们大
汉骑兵反倒被全歼，连宦官也
被射伤，拼了命打马狂奔才捡回
一条命。李将军听说后，判断这仨
不是小喽啰，应该是匈奴的射雕手。

　　说完，李将军准备亲自出门去会会这三个人。一是浑
身技痒，不能允许敌人这么嚣张，二也是想在天子亲随面前有所
表现。于是，李将军带上一百多名骑兵去追击匈奴人。你想说，
一百多人对三个人，是不是太小题大做了？并非李将军胆小，这
可是匈奴人的活动范围，随时可能遇到敌人的大部队，不能不提
前准备。果不其然，追出一段时间后，汉军成功碰到了匈奴三射
手，刚把人捆上，远远地就看见前面出现了几千名匈奴骑兵。而他们
也正好看见了队友被抓的情形。

　　情势倒转，我们那一百多名骑兵顿时吓得两股战战，想拍马
就跑。李将军的高光时刻就来了。他让所有人淡定，分析情况：
此时离营几十里，想跑肯定跑不到家就被追上。倒不如悠闲一点儿，
装作是诱敌之计。于是，李将军优哉游哉地命令大家继续朝前走，
一直走到离匈奴阵地大概二里的地方才停下来，再下了个让所有
人胆战心惊的命令：全体下马解鞍。骑兵们心说领导疯了，敌人
那么多，如果他们打过来，咱就是即刻上马都来不及呀。李将军
表示：如果我们跑，敌人才会追，现在咱们不仅不跑，还悠闲地
放马，他们才会担心有诈咧。

　　然后，双方就在这紧张刺激的氛围里，隔着二里地拼命用眼
神交流对峙，谁也不敢动。过了很久，匈奴那边也有个骑白马的
将军想来救被抓的队友，李将军当即纵身上马，在匈奴人目瞪口
呆的注视下抓起弓弩将对方射死，然后轻松地回到原来的阵地，

继续解下马鞍，躺在草地里当牧马人。这下匈奴人更坚信有埋伏了，几千人对着一百多号人，愣是只行了一天的注目礼。半夜，匈奴人终于熬不过了，怕汉军晚上来偷袭，溜号了。于是，在匈奴人面前抓俘虏又杀人的李将军，干脆躺在原地睡觉，到早上才回归大营。

这一天的情景，我光是想想都神往无比。凭着精彩的表现，李将军震惊匈奴十几年，匈奴人还送了他一个"飞将军"的外号。

景帝的十六年弹指而过，时间来到了我家皇帝这个与匈奴全面开战的时代。李将军的机会来了吗？

凭着这些年的积累，李将军已经混成了边地名将，同事们听说了他的事迹，佩服得大拇指一个比一个举得高。我家皇帝刚上台，大家就排着队推荐李将军。听多了"好评"，皇帝对李将军印象也很好，终于把他调回了中央，当了未央卫尉。未央宫是皇帝起居办公的地方，未央卫尉，相当于是皇帝的最高保镖，年薪两千石。

几年后，皇帝拉开了对匈奴反击战的序幕，李将军每次都有参与。然而，这么骁勇善战的他，并没有打出什么漂亮成绩。数数战绩表，他有时候无功而返，有时候打了败仗，甚至还有一次竟然被匈奴人活捉了……

我大概总结了一下李将军失败的原因。他是个个人英雄色彩

很重的人，虽然身份上已经当了将军，可操作上还没有进入将军角色，不擅长统兵谋划大局。他走的还是兄弟团体作战的路线，士兵没喝水他不靠近水，士兵没吃饭他也不会吃独食，拿着两千石的年薪，基本都跟士兵们一起用了，就连皇帝临时给点儿赏赐，他也从来不自留，全部分发给大家……他亲切得就像士兵身边的小队长，事无巨细地关心，恰恰不像一个三军统帅。这样一来就有些尴尬了：以他的名气，不可能只是个小角色，而统帅他又当不好……

至于那次被活捉，还是得怪李将军武力值太高，太爱表现了。他经常亲自上场，冲锋陷阵跟敌人对打。这样的打法，即便有万夫不当之勇，也难免会有马失前蹄的时候。另一方面，前面说过，李将军在匈奴那儿是名人，所以，出征前，匈奴单于特地点名要活捉他。你想想，敌人全军就冲着你一个，你李将军就算插翅也难飞呀。

好在李将军到底还是猛人，哪怕受了伤，他还是成功"越狱"了。

当时，匈奴人把他放在两匹马中间的网兜里带着走，他躺着装死，用眼睛偷瞄周边地形和身边的人。见旁边的少年有匹好马，他找准时机翻身夺马，把匈奴少年推了下去，拿了他的弓箭，策马奔回。匈奴人出动几百名骑兵追击，李将军凭着祖传的神射技能左右开弓，令敌人难以近身，成功回到了大汉。

人是回来了，可功劳一点儿都没有，还因为被活捉而贬为了平民。回头看看，不少曾经在他手下打工的人都混到了封侯，李将军别说万户侯，就连个最基础的爵位都没捞到。

所有人都为他感到不公，我们皇帝也很尊敬李将军，为了助力他实现封侯梦煞费苦心。漠南大会战的时候，皇帝让他跟着稳扎稳打的卫青出征。可那一仗，一向很稳的卫青也被下属坑了。手下带的六大将军，三个都打了败仗，有个匈奴投降过来的还重新跳槽回了匈奴。这面子上实在难看，于是，尽管收获不少，但论功的时候，所有人都没加封。

难道李将军真的命运这么差吗？不信命的皇帝又安排他去跟年轻激进的霍去病。这些年，霍去病把军功拿了个大满贯，跟着他的人也基本都平步青云了。可结果，这次跟李将军打配合的博望侯张骞，竟然出来充当命运的绊脚石了——中途迷路，没及时汇合，导致李将军被匈奴包围，损失惨重……

数数时间，李将军已经年过六十。不知道从哪一步开始落后于人，然后，每一步都追不上了。别人是"时来天地皆同力"，而李将军是"运去英雄不自由"。他活得就像在逆水行舟，别人都在前进，而他耗尽全力，也只能保持不退而已。

最后一次漠北会战，李将军以六十多岁的高龄强烈要求参加，皇帝想婉拒，又不忍扑灭他的希望，只好让他去了。可结果是，李将军自己迷了路……等待他的就是回京受审，被小小狱吏问东问西。李将军心理防线崩溃，拔剑自杀身亡。

失败了，李将军从来不怕，可一直以来的命运不济，终于让这颗曾经滚烫的心一点点冷却冰冻了。

史记原典

桃李不言，下自成蹊（xī）。

——《史记·李将军列传》

译文 桃李虽然不会主动说话吸引人，但人们喜爱、追逐它们的鲜花和果实，在树下走出了一条小路。

赏析 这是司马迁对李广的评价。因为李广是个"口不能道辞"的人。他不会口若悬河夸自己多有能耐，但他死后，天下无论认不认识他的人，都在为他哀伤。这句话用来比喻那些品德高尚的人不需要自己做宣传，天下人自然会对他们心生敬仰。

史记小百科

李广为什么那么想封侯？

在汉朝微型分封制下，封侯是身份的转变，从纳税人变成收税人，得到的封地也可以世代传承。但这对李广来说并不是最主要的，他不是个守财奴。《史记·李将军列传》记载，他在两千石年薪的官位上坐了四十年，家里却毫无积蓄，都赏给跟自己一起作战的兄弟们了。那么，李广为何执着于封侯呢？

在崇尚军功的时代，没有爵位就约等于没有能力。所以，不求财的李广，图的不过是一个名，一个证明自己能力的虚名。

人物事迹故事化

之所以说《史记》的文学性强，是因为它更像是一本故事书，而不是像很多历史书那样平铺直叙记录历史。

司马迁开创了以人物为中心的传记文学。《史记》中重要人物的传记，大都是按时间顺序，把人物一生的言行事迹建构成一个完整的故事。而且，司马迁还会把人物一生的发展分解为一连串的故事。比如《李将军列传》中，重点记述了李广追杀匈奴射雕手、装死脱险、不愿被小吏审问而自杀等六个故事，展现出他一生遭遇坎坷、怀才不遇难封侯的大故事，成功塑造了一位富于传奇色彩的英雄形象。

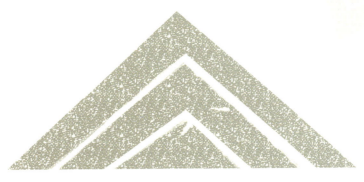

卫青
靠关系起步，凭实力建功

　　卫青的履历比较曲折。他娘卫媪是皇帝的姐夫平阳侯府的一个仆人，和府中小吏郑季私通生下了卫青。卫青小时候被送到亲爹家生活，但郑家原配夫人的孩子们很排斥他，对他动辄打骂，百般欺凌。谁生的孩子谁心疼，亲娘卫媪很快就把他接回了平阳侯家里，自此卫青丢掉父家的姓，正式更名卫青。

　　卫青长得人高马大，进入侯府后，就开始跟着平阳公主搞骑射业务，成了公主的重要仆人。

　　卫青上面有三个同母异父的姐姐，三姐叫卫子夫。后来，我们家皇帝来姐姐平阳公主家做客，遇上了卫子夫，召入宫中，卫青也就此进入皇帝的视野，成了一个"关系户"。

　　其实，我大汉建国那么多年，从吕后开始，除了被提前设防的窦氏兄弟，历代皇后的娘家人多多少少都给朝廷添了点儿乱子，所以我们对这样的关系户基本都不太喜欢。而从小苦出身的卫青很明白自己要如何立身处世——他要做个有底气的关系户。

经过皇帝的栽培，元光五年（公元前130年），卫青的机会来了。汉匈真正的第一次大仗，卫青以车骑将军的身份，领着一万骑兵从河北张家口的上谷郡向匈奴挺进。结果，一起出来的其他几位将军全部折戟，公孙贺的战绩如同上次的马邑之谋，无功而返，公孙敖损失了七千骑兵，李广则直接被俘虏……听着这些频传的战报，我家皇帝的脸阴沉得都快下雨了，唯有把最后一丝希望寄托在卫青身上。果然，不久捷报传来，卫青不负厚望地深入匈奴境内，并直捣匈奴祭天的圣地茏（lóng）城，斩杀了数百名匈奴贵族。

以名将的标准来看，卫青这次打得也不算漂亮，但架不住同行衬托得好，他是这一趟唯一的胜利者，更是我们主动对匈奴开战以来的第一次大捷，意义就非同凡响了。加上此时卫子夫恰好正得宠，卫青的荣耀无人能比。

过了两年，卫子夫生下我们皇帝的长子刘据，进阶成皇后，卫青也依然在为大汉与匈奴对抗。姐弟俩在宫内宫外为汉朝发光发热。每一次，卫青都一如既往地争气，从不空手而归，为我大汉一雪前耻。

如果说第一次是运气，第二次是侥幸，之后的每一次，则实实在在证明了卫青的实力。皇帝一开始给了他三千八百户的在职和退休待遇，慢慢又累积增加到了一万二千八百户，成了实至名归的万户侯。如果每任外戚都这么有能耐，我大汉早把国威扬出去了。

作为如此受信任的关系户，卫青有没有因此膨胀呢？

　　卫青的性格决定了他不是个张扬的人。在他还没有发迹之前，有个戴着枷锁的人对他预言："你将来要当大官，还可以封侯。"卫青笑了笑，不是嘲笑别人疯了，也不是欣喜于自己要发达，只是很平常心地莞（wǎn）尔一笑，回复这位受牢狱之灾的人："我不过是个奴仆生的孩子，如果不被人打骂就已经心满意足了，哪里还奢望封侯？"

　　等后来真的封了侯，当上了大将军，卫青依然保持着这份初心，待人接物没有半点儿暴发户的痕迹。

　　漠南会战那次，赵信和苏建率三千多人遇上匈奴几万人，搏斗了一天后，汉军几乎被全歼，赵信重投匈奴，苏建只身逃回大营。卫青问手下人该怎么处理，有人建议趁机杀人立威，震慑那些因为卫青是皇家亲戚而不服气的将领。

杀人立威这种事，古代不少名将都干过。毕竟军中不是儿戏，军队里大家互不相识，连接彼此、万众一心的桥梁就是统帅的个人魅力，以及一些并肩作战的情谊，如果统帅不能服人，是要出乱子的。但卫青听后，拒绝以杀鸡儆猴的方式来震慑他人，他说："我侥幸以外戚的身份在军队里当官，根本不怕没有威严。"然后把苏建交给皇帝处理。苏建回去后交了钱赎罪，买回了一条命。

漠北合围时，飞将军李广迷路自杀，李广的儿子、我的上司李敢难以接受，直冲冲地跑到大将军府去质问卫青，说得着急了，甚至还动手打伤了卫青。

那么，此时已经身为大将军，一人之下万人之上的卫青什么反应？没反应，就像什么都没发生一样。卫青既没抓住李敢胖揍一顿，也没以此告他一状，甚至没有对外声张。本来，卫青挨打这事，在大汉至少能引发一次全民热议，长安的邸报上更少不了这样的标题："大将军挨打，动手者竟是为报父仇？""李敢殴打当朝大将军，揭秘外戚卫家和李家的恩恩怨怨"……

卫青实在是太会做人了。他始终就像当初那个说着"我的所求，不过是不被人打骂"的低调君子。卫青用一生证明，这才是"职场关系户"的正确打开方式！

史记原典

小敌之坚，大敌之禽也。

——《史记·卫将军骠骑列传》

译文 两军交战，兵力少的一方即使坚决抵抗，也会被兵力多的一方擒拿打败。

赏析 在讨论如何处理苏建时，有人劝卫青杀将立威，但也有人引用《孙子兵法》上的这句话为苏建辩护，认为苏建不该斩，并说他战败后回来自首，如果还被斩杀，等于是告诉后来者打了败仗就不要回来了。卫青反对杀人立威，以他低调的性格，也不想在军中独断专行，擅自诛杀大将，所以最后还是交给皇帝去裁决。从这也能看出，虽说"胜败乃兵家常事"，但汉朝对败军之将的处罚还是相当严厉的。

史记小百科

奴隶的子女只能是奴隶吗？

西汉时，国家对奴隶的人身自由有严格限制。奴仆的结婚对象只能是身份差不多的人，生的孩子也依然是主人家里的奴隶。所以，卫青在亲生父亲家生活不如意，能被接回平阳侯府，不是因为他娘在侯府有什么地位，而是侯府不介意多一个免费的奴隶。

霍去病

为国家，舍小家

　　大汉金光闪闪的将星，除了韩信，要数卫青和霍去病这对舅甥。前面说过，卫青是卫子夫同母异父的弟弟，霍去病呢？他是卫子夫姐姐的孩子。

　　大概是家风传统，或是热爱自由的基因传承，卫媪开了跟人私通的头，她二女儿卫少儿也有样学样，跟一个叫霍仲孺的小吏私相授受，创造了霍去病。随着卫子夫的受宠，以及皇帝的爱屋及乌，卫家可以算得上鸡犬升天，连卫少儿都被安排嫁给了陈平的后代陈掌，霍去病的身份从私生子变成了陈家的继子。而有卫子夫这位小姨做后盾，陈家也不敢慢待这个小"拖油瓶"。

　　霍去病在成长过程中没经历过什么危机，虽然不是含着金汤匙出生，但也是长安城难得的贵少年。因为把成为舅舅那样的人当成人生小目标，霍去病拼命练骑射，这一点又正中皇帝心坎。于是，皇帝把卫青的人生模板再次套到霍去病身上，把他也召到身边当了侍中。这会儿的侍中虽不是什么高级官员，却是直接听皇帝命令的内朝官，可以随时进入皇宫，和皇帝的关系最亲密。

当匈奴还没研究出怎么应付卫青，新一代良将霍去病又已经长成，并参与到战争中来了。

他第一次出击匈奴时才十七八岁。当时是卫青统帅的漠南会战，也是上文卫青大军损失了赵信的那次。霍去病带着亲自挑选的八百名精锐骑兵，一口气跑到了匈奴老巢，开启了"全家捅"——匈奴单于的爷爷、叔叔，以及相国等各种高官，被斩的斩，活捉的活捉。皇帝高兴得封了他个冠军侯。

这是霍去病初露锋芒，而之后，他就开始了再露锋芒、又露锋芒、锋芒毕露的人生轨迹。真是揍匈奴一时爽，一直揍一直爽。

三年后，霍去病成了仅次于大将军的骠骑将军，终于有了完全独当一面的机会。这一次，霍去病从陇西出发，主要攻击河西走廊一带的匈奴浑邪（yé）王和休屠王，几天工夫就歼灭了匈奴近九千人。没多久，霍去病又一次发动军事打击，越过焉支山，歼灭了三万多人，顺便再次把匈奴单于全家加入"豪华午餐"：匈奴的五个王以及他们的妈妈，单于的老婆、王子五十九人，都成了俘虏。另外还有相国、将军、都尉之类的六十三个高级官员，被迫改换了国籍。

匈奴民歌"失我焉支山，令我妇女无颜色。失我祁连山，使我六畜不蕃息"，说的就是这次霍去病对他们造成的惊吓。失去了焉支山，让我们的妇女没有了涂抹在脸上的草本化妆品；丢失了祁连山，使得我们的六畜不能好好繁衍生息。六畜是匈奴这个游牧民族赖以生活的基础，妇女是他们保护的对象，这二者不能保全，可见匈奴人当时的绝望心情。

匈奴此时的单于是伊稚斜，听说浑邪王这么浑，气得要杀他。匈奴不留爷，自有留爷处。于是，浑邪王也不伺候了，不仅自己准备投降大汉，还写信约休屠王手拉手一起去当汉朝人。霍去病一管到底，亲自去接收浑邪王的部队。

这还不是霍去病人生最高光的时刻，他的人生总有更高峰要攀。皇帝送他房子、票子，在京城给他修建大豪宅。可当皇帝带他前去验收时，霍去病却说了句名言："匈奴未灭，无以家为也。"匈奴还没干掉，要家干啥？没空住知道吧！顺便说一句，这句话只是表示他不想考虑居家过日子这种事，而不是结婚成家。否则，

结过婚且连娃儿都有了的霍去病就算在说谎了。

这孩子，打击匈奴的激情比自己还甚，那就成全他吧！接收浑邪王的两年后，皇帝策划了漠北之战，派出卫青和霍去病这对经典舅甥，各带五万人去继续追击满草原跑的匈奴。皇帝几乎把最好的资源调给了霍去病，霍去病也不负众望，深入匈奴腹地两千多里，遇到匈奴左贤王的部队，杀了七万多人，匈奴一众高官又被打包成俘虏。

霍去病乘胜追击，一直追到了蒙古肯特山的狼居胥山。在这里，霍去病张扬地搞了一套封禅活动，在狼居胥山举行祭天仪式，又在旁边的姑衍山举行了祭地仪式，相当于告诉天地，这里也是咱们汉家的地盘了。

　　伊稚斜单于欲哭无泪，一向荏（rěn）弱对外的汉朝，怎么出了这样一个皇帝和两个这么逆天的将领？打得匈奴连自己的老巢都不能安生地待着。

　　不过，大概是天妒英才，或是常年打仗落了一身毛病，霍去病年仅二十三岁就病逝了。

　　皇帝给了他风光大葬，提前陪葬在自己的茂陵，又让人在墓前树立"马踏匈奴"的雕刻，并将他坟墓的样式修成了祁连山的形状，代表他当初登上祁连山的英姿。霍去病这个名字，既能代表我大汉的时代面貌，又几乎与壮志满怀的热血青年画了等号。哪个风华正茂的少年郎不想像霍去病一样，乘着风扶摇直上，拯救世界，改变世界呢？

史记原典

匈奴未灭，无以家为也。

——《史记·卫将军骠骑列传》

译文 匈奴还没被灭掉，哪有心思考虑小家呢？

赏析 这是霍去病说的那句注定要成为许多人志向的壮语。后来另一位汉将陈汤针对匈奴也说过一句豪言："犯强汉者，虽远必诛！"

史记小百科

"冠军"一词是怎么来的？

现在用冠军代指第一名，最初，冠军完全就是字面意义，指军队里最骁勇善战，或者功劳最大的人。比如，秦末的英布就经常"冠军"。后来，霍去病也因为功劳最高，直接被汉武帝封为"冠军侯"，都没以封地命名。

"冠"字为什么含有"最"这种极致的意思？它的原意是帽子，帽子是戴在头上的，头是一个人身体的顶点……延伸下来，冠军就代指各种比赛里的第一名了。

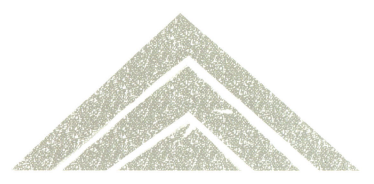

李陵

冤吗？司马迁诚邀你评理

  李广的故事已经够让人惋惜了，他孙子李陵的人生遭遇更是让人痛心。

  李陵是李将军长子李当户的儿子，年少勇武，擅长骑射，爱护别人，还很懂得谦让底层人，完全就是李将军的翻版。他在皇宫担任过侍中建章监，这是九卿之一的卫尉的下属。我当郎官也是陪侍在皇帝身边，所以我和他算得上是同在天子脚下当差，做了好几年同事。

  其实，我们家皇帝对李将军的事也是深表遗憾的，所以看到这么像爷爷的李陵，他也愿意好好栽培，让他在建章监的职位上负责监管培养骑兵。李陵不仅有李将军之风，还有点儿霍去病孤身入大漠的勇敢气质。某年，他带着八百名骑兵深入匈奴两千多里地，过了居延海去勘察地形，并全身而退。

皇帝见他如此勇猛，感觉又一代名将即将诞生，就让他担任李将军当过的骑都尉，率领楚国丹阳的五千勇士，在河西地区的酒泉、张掖一带一边练习骑射，一边防御匈奴。

时间一晃到了天汉二年（公元前 99 年）。这年，皇帝又要打匈奴。这几年，卫青和霍去病两位武曲星已经回天，皇帝想按卫青的模板再塑造一个外戚将军，对宠妃李夫人的哥哥贰师将军李广利重点栽培，所以，此次的统帅任务也交给了他。

同时，皇帝也打算给李陵一个机会，命他给李广利运输后勤辎（zī）重。这项任务对于行军打仗特别重要，可对于一直以勇敢著称，又着急给家族一雪前耻的李陵来说，实在不算用对了地方。所以，李陵没接任务卡，主动找到皇帝，说想自己担任一支小分队的将领，去兰干山以南袭击匈奴，分担贰师将军的压力。他这么做，既是想证明李家的光辉，同时也算是为自己带领的那五千多名楚国勇士找立功的机会。

不过，当时国家的压力很大，多次出兵匈奴和西域，除了大量的钱投进去，人也基本被征用完了，根本来不及培养出下一茬。皇帝实话跟李陵说："我没有骑兵分给你了。"李陵表示，不需要陛下再派骑兵，他可以以少战多，带着他那五千名步兵开到单于王庭去。年近六十的武帝听到少年的意气风发，也很为他感动，答应了请求。

从位于你们这会儿的内蒙古自治区额济纳旗的居延关出发，向北走了三十天，才走到蒙古的浚稽山扎营。李陵行军非常仔细，走了多少路，就把沿途的山川地形都画成图，交给手下的一个骑兵陈步乐进京上报天子。陈步乐不仅把李陵的图献了上去，还大肆渲染李陵关爱士兵，士兵愿意为他效死力的情况，皇帝这才觉得稳了。

谁料，李陵和祖父李广一样不走运，到浚稽山不久，就遇到了匈奴单于的三万大军。而且，李陵扎营的地方在两山之间，虽然是平地，但匈奴在上方，对他们有冲击之势，地理上非常不利。

李陵又一次展现了与李将军一样的沉着，安排阵列，摆好队形和弓弩手，直面匈奴。匈奴见他们人少，根本不怕，而李陵的这五千勇士也着实训练有素，双方一交战，千弩齐发，匈奴人应弦倒地，只能暂时退回到山上。见敌人逃跑，汉军也不管人数多寡，兜头就往上追击，又杀了数千人。

匈奴的且鞮（jū dī）侯单于大惊，赶紧调集人马，召出八万人齐围李陵，李陵只能一边接战一边后退，又退回了山谷中。回军检查一下，士兵受重伤的很多，有的人身上多达几处，但这并没有影响汉军的士气。第二天刚能看见亮光，双方继续开战，汉军再次杀了匈奴三千多人。

然而，匈奴已经对汉军形成包围之势，想以少胜多是很难做到的。李陵军往南退，匈奴兵尽管损失惨重，也不肯放过围歼，始终且战且进一路追击。不过，吃过很多亏的且鞮侯单于也很谨慎，他发现李陵一直在往南边撤退，开始担心是不是那边设了伏兵。

如果真按照单于多心的剧情发展下去，李陵完全可以全身而退。可匈奴也有不少血性男儿，几个将领不甘心，跑去找老大上谏言，说咱们是单于亲率大军，又是几万骑兵对几千步兵，这都不能消灭，以后哪里还有威信？双方只能继续再战，一天就要交战几十个回合。这对人数少的汉军显然更危险。不过他们士气不衰，又杀了两千多人，才把匈奴暂时打退。加加人数，五千人一共击杀了匈奴上万人，而汉军损失并不多。

面对如此英勇的汉军，即使全军包围着他们，且鞮侯单于还

是很焦虑，满脑子都是退兵的念头。可就像李广充满戏剧性的人生一样，此时此刻，李陵军营的两个人闹了矛盾，其中一个逃到匈奴去了。得了汉人，单于奉若上宾，赶紧询问李陵军队的真实情况。投敌先交投名状，那人一字不漏地讲述了汉军的情况，包括作战部署，剩下多少人，什么旗帜代表什么人统帅等，最后还点出关键的缺陷：他们没有后援！

听到这里，单于大喜过望，总算能一雪前面被摁着暴打的耻辱了。单于派骑兵加紧猛攻，还效仿"四面楚歌"造势，全军大喊要李陵投降。汉军有没有被这响彻山谷的声音震慑我不知道，只知道当时李陵军在山谷里，匈奴军在上面，四面被围，箭如雨

下。汉军毫不怯懦，也射箭回击，一天之内就用光了五十万只箭。即便这样，汉军也没放弃抵抗，军官用短刀近搏，士兵则把车辐砍断当武器。

可汉军表现得再勇敢，终究抵不过大势。所谓战争需要天时地利人和，人和已失，地利更没有，汉军简直插翅难飞。这样的地形，单于也懒得继续用箭对拼，命人站在山上往下丢石头，砸得汉军损失惨重，根本不能前行。

夜里，战况暂歇。看着兄弟们伤的伤，亡的亡，李陵本想来一招擒贼先擒王，但现实世界不是武侠小说，可以飞檐走壁，轻功无敌。出去了一趟，看见漫山遍野的匈奴人，李陵也绝望了。

当时，双方已经激战八天，李陵边战边走，距离有汉军镇守的居延关只剩一百多里。如果再多坚持一天，也许就能活着回到关内了。而如此近的距离，汉朝的边镇难道就没有收到消息吗？

边塞对当时的情况一清二楚，只是，根本没人来
救援。

　　一边是己方无人问津，一边是匈奴带着张袂成阴的人数包围
着，又急招他们投降，汉军粮食殆尽，实在是坚持不下去了。最终，
李陵感叹地说了声"无面目报陛下"，投降了匈奴。

　　投降前夜，李陵解散了军队，让大家各自逃生，回归汉朝。后
来共有四百多个人跑回了汉朝，为我们回放了这次作战的全部细节。

　　虽然投降再逃回在我们这会儿并不算什么新鲜事，不过，听
到李陵最终选择了投降，皇帝还是很生气。在他心里，李陵应该
战死才对。皇帝将怒火发泄在当初来汇报战况的陈步乐身上，陈
步乐惶恐不已，只能自杀谢罪。一条人命还没有缓解天子之怒，

他又把李陵投降事件交给群臣讨论。除了汲黯，没几个人敢仗义执言，而是七嘴八舌迎合皇帝心意说李陵有罪。

我当时正在现场，实在不敢苟同大多数人的意见，皇帝便亲自点名让我讲点儿什么。我想，这事其实没啥好再辩论的，那四百个逃回来的士兵已经把情况详细交代了。李陵只有五千人，深入匈奴腹地单挑，所杀的敌军人数也完全能抵消他的罪过了。士兵们连续作战，疲惫不堪，但李陵吼一嗓子，大家瞬间精神抖擞，赤手空拳就去跟敌人的刀剑拼杀。这不是古代名将才能做到的吗？而且，他是在没有救援的情况下坚持了那么久，刀折矢尽才选择投降，完全是无奈之举。他之所以投降，一定是为了在合适的时候再报效汉朝。为了让皇帝想起李陵的好，我又列举了他平时的优良品德，什么孝顺长辈、对国忠诚……

我以为我激情洋溢的演说非常成功，没想到却让我迎来了人生中的至暗时刻。皇帝偏爱贰师将军，便以为我为李陵开脱，是在贬低贰师将军，判了我当时肉刑里仅存的宫刑……好好好，点名让我说话，又因为说话处罚我，皇帝真清高，真了不起啊。

因为李陵事件，我遭逢了人生最大的耻辱，冷静下来后，我还是把他的故事细细记录下来，供后人评说。

史记原典

其身正，不令而行；其身不正，虽令不从。

——《史记·李将军列传》

译文 在上位的人自己行为端正，不发布命令事情也能施行；行为不正，发了命令别人也不会听从。

史记小百科

李陵的家族建立了唐朝

李陵虽然出生在京师长安，但他爷爷李广是陇西郡人。当年，汉文帝招郡国的猛人抗击匈奴，作为出产猛人的陇西郡也在征召的范围里，李广就是从这儿报名从军，进入了朝廷。陇西李氏擅长骑射，在汉朝出过不少名人，最高的做到了丞相。

后来，这个家族一直延续下去，直到唐朝，李唐皇室也自称陇西李氏，认李广为祖先。陇西李氏的声望到达了巅峰。李广和李陵的故事得以广为流传，除了司马迁，可能还有李唐的功劳。

窦婴、田蚡、灌夫
不要和酒疯子做朋友

今天我要说的，又是两个合传的人，魏其（jī）侯窦婴和武安侯田蚡（fén）。他们是两代外戚：一个是景帝老妈窦老太后的堂侄，一个是我家皇帝的舅舅，王老太太的弟弟。

在我大汉有一个潜规则，皇后的娘家人可以靠裙带关系升级当侯爷，算是皇帝对老婆家族的最高尊重。只要是跟皇后沾亲带故走上朝堂的，统一都被叫作外戚。外戚的风光是很有时效性的，完全跟着皇帝走。皇帝换人了，外戚也要换届。所以，窦婴和田蚡这俩虽然算下来是一个辈分，但依靠的皇帝不同，他们就存在着你方唱罢我登场的尴尬交替，注定要成为一对冤家。

窦婴年纪大一点儿，出道更早。文帝时，他就被派去吴国当国相，任务是监督吴王刘濞的动向。等景帝上台，见老妈娘家人不多，两个亲舅舅被教得很有君子之风，为人低调，不适合当官，于是，景帝就把喜欢打抱不平、有侠客风范的窦婴找来当了詹事。这个职位是专门管皇宫内务的。

正是这个职位让窦婴逮能当了"显眼包"，在景帝失言说要传位给弟弟时，窦婴跑出来解围："天下是高皇帝的天下，一直都是父子相传，怎么能传给梁王？陛下喝大了乱说话，得罚酒。"

这就是窦婴。尽管多少靠了点儿窦太后的面子进入朝廷，可他并不是那种曲意逢迎的小人。只是当忠臣就会得罪姑妈，好事被阻的窦太后怒气值狂飙，把窦婴开除了族籍。好在，七国之乱爆发后，窦婴凭真本事混成大将军，并因为平乱成功拿到了终身荣誉奖，被封了魏其侯。窦婴的这个爵位是实实在在的有分量。

窦婴还很有战国四君子那样的侠客风，他身边聚集了一堆游士，每天争着对他花式夸奖。这会儿，初出茅庐的田蚡也是在窦婴家陪吃陪喝，给他凑热闹、逗闷子中的一位。景帝的长子刘荣被立为太子后，窦婴又进阶成了太子的老师。不过也正因为这个身份，后来刘荣被废，窦婴认为自己有责任保护太子，铆足了劲抗议。抗议无效后，又以罢工来表示不满，因此得罪了景帝。虽然窦婴后来被门客说服，又销了病假起来上班，可景帝心里的小黑本记得清楚着呢，再也不想重用窦婴了。正所谓，弃我去者，你就滚远点儿吧。

那么，接下来就到了田蚡的时代。先解个惑，田蚡姓田，怎么会是王太后的亲弟弟呢？原来，他们的老妈臧儿改嫁过。王太后是臧儿跟老王生的，田蚡则是下一任丈夫老田的孩子。田蚡喜欢读书，算是臧儿家最有出息的孩子，王太后很喜欢这个弟弟。等景帝去世，我家皇帝年纪还小，王太后暂管朝局，提拔家人时就把田蚡封了侯。

时移世易，想在朝廷里混口饭吃的，谁还不是个人精，看准新风向后，那些趋炎附势之徒集体离开窦婴，转投田蚡府里溜须拍马去了。再后来，窦太后去世，田蚡升为丞相，权势达到顶峰。

　　田蚡威风八面的时候，正是窦婴落魄时。窦婴心里的落差简直比从高山掉下悬崖还大。不过，如果只是他们二人的较量，大家都想当体面人，不至于争得很难看。有君子之风的窦婴撑死也只是自己暗暗伤心，但偏偏他们之间来了个第三者——灌夫。在人情寒冷的世道，灌夫要来给窦婴送温暖，或者说，是来送他走的。

　　灌夫是个糙汉子，他有个改不掉的臭毛病——喜欢喝酒，一喝就醉，一醉就耍酒疯，不是骂人就是打人，也不管对面坐的是谁。前面他刚刚因为醉酒打人丢了官，现在就想搭上窦婴，通过他的朋友圈抬一抬自己的咖位。当然了，窦婴接纳灌夫，也不是单纯的感动，他也想用灌夫的坚定追随来羞辱抛弃自己的人。结果，两个失意的人越聊越投缘，相见恨晚，真成了肝胆相照的真朋友。

　　灌夫想去帮窦婴拉点儿人气，于是，他在为姐姐服丧期间，主动去田蚡家做客。田蚡看他还穿着孝服呢，就假客气了一下："要不是你在服丧不方便，我真想跟你一起去拜访魏其侯呀。"这种方法通常百试不爽，可灌夫有备而来，顺杆子往上爬："好呀，

您想拜访，那我肯定舍命陪君子。我这就去通知魏其侯，让他准备酒饭，咱们明天不见不散哟！"田蚡见客气话被堵，也打算捉弄一下灌夫，满口答应了下来。

灌夫快马回告窦婴，窦婴夫妇也是喜出望外。为了迎接贵客，全家上下忙疯了。打扫屋子、买酒买肉、布置场景……一直忙到天亮。天亮后，窦婴又让家丁排排站在门口等着迎接丞相的车驾。结果，眼看着太阳一点点往上爬，直到日上中天，还是一个人影也没有。原来，田蚡本来就是为了打趣灌夫，根本没当回事，这会儿还在家里呼呼睡大觉呢。

你想想，田蚡曾经把窦婴当爹一样伺候，现在当上丞相，自己也成了别人的"爹"，哪里还愿意再见当初的领导。不过，他还是被灌夫上门强拉到了窦家。灌夫心情很好，喝得摇摇晃晃，非要邀田蚡起来一起跳舞。这种场合跳舞，不成了给魏其侯表演吗？田蚡坐着不动安如山，灌夫见他不给面子，上来就口水四溅地骂，还是窦婴出来又是劝架又是给丞相赔礼道歉才结束。这场酒宴，田蚡喝到挺晚才尽兴而归。

田蚡觉得自己已经非常给窦婴面子了，还救过他儿子，想起他看上的一块窦婴家的田产，就直接派人去索要。窦婴气不打一处来，咱就算现在落魄了，也轮不到你来抢我的田吧？又在吃瓜第一线的灌夫永远是个真正的"气愤组"，他比窦婴还生气，对

着来讨地的使者骂骂咧咧。哪怕田蚡的管家一直在背后做和事佬，都拦不住两边非要打上的死结。

　　田蚡想先整一整灌夫，默默搜集了他家人犯罪的证据上报皇帝。灌夫是人疯但不傻，他也早就掌握了田蚡的黑料，甚至，田蚡的料比他的大得多——曾接受过淮南王刘安的贿赂，还许诺刘安可以接班当皇帝。只要田蚡敢出招，灌夫就敢鱼死网破。这就相当于双方都握着你们这个时代最可怕的核武器，力量抵消。两人都连忙表示："误会，都是误会哈！"

　　后来恰逢田蚡二婚，太后下旨所有贵族都要去给自己弟弟送祝福。窦婴赴宴时，路过灌夫家，就要拉上他一起去。灌夫觉得自己和丞相不对付，不打算去，窦婴一说二劝的，还是把他拽去了社交场。结果，因为这场酒席，惹出了一场大事故。

　　酒宴上，推杯换盏间尽显人情冷暖。田蚡起身举杯的时候，大家纷纷离席跪拜表示尊敬；窦婴起身举杯，只有以前的老朋友会表示一下。灌夫一看又不行了，站起来一个个去进行威胁性敬酒。敬到田蚡，田蚡只是稍微动了动上身表示一下，灌夫压抑着怒火，继续敬旁边老上司家的后代临汝侯灌贤，灌贤正在跟程不识将军说悄悄话，也没有站起来回礼。灌夫找到发飙口，丞相咱得罪不起，你灌贤我还骂不起吗？怒气泄洪，噼里啪啦把看不惯的宾客骂了一通。这事传出来后，有人给取了个恰当的标题：灌夫骂座。

　　在座各位都是田蚡的贵客，在田蚡家被骂，田蚡觉得耻辱极了，骂客也得看主人啊，抓住灌夫就要法办，判了个杀头的罪。窦婴一听惭愧得很，灌夫是他叫来的，又是为自己抱不平，赶紧出钱出力打通各种人脉，希望能把事摆平。结果，田蚡这次铁了心要给对方大大的震撼，怎么都不肯放人。窦婴没办法，只好豁出去找皇帝说情，把事情含糊成灌夫只是喝醉酒说错了话，不是死罪。皇帝对舅舅的跋扈早就有所不满，就公平地让两人在大庭广众辩

论，大臣们做裁判。大臣谁还不是个人精，要么不敢说话，要么就说两个人都很有道理，还是要皇帝圣裁，谁都不想当出头鸟。

王太后知道弟弟和窦婴在公开吵架，只觉得老弟受了欺负，来了一招耍无赖式的绝食抗议。皇帝没办法，只好派人去调查灌夫的罪行。这一查就像打开了潘多拉魔盒，灌夫的族人确实干了不少非法勾当，窦婴净列举他的好处，完全是包庇。于是，窦婴也喜提欺君大罪，被关进了大牢。这场两代外戚的矛盾又辗转拉锯了很久，牵扯出的事就像雪球越滚越大，最终以灌夫灭三族，窦婴斩首示众结束。好朋友一起走，窦婴倒是真做到了这样的侠士风范。

胜利者田蚡也没好下场，窦、灌前脚刚走，几个月后，田蚡就发了神经病，天天说看见两人来索命，捣蒜似的不断磕头道歉，没多久也死了。

虽说整件事的内核还是两代外戚权力交接引起的矛盾，但如果没有灌夫，事情可能不至于那么糟。

何为首鼠两端？

——《史记·魏其武安侯列传》

译文 为何犹豫不决，在两端之间徘徊？

赏析 这是田蚡指责大臣为什么不跟他一起攻击窦婴。首鼠指踌躇犹豫，两端指田蚡和窦婴两个人。成语"首鼠两端"就出自这里，形容做事迟疑不决或动摇不定，想脚踏两只船。

赐给臣子的圣旨怎么保存？

一般情况下，皇帝赐给臣子的圣旨，臣子家里有一份，宫里的档案馆也会留一份备案。中国人最晚从周朝开始就有记录历史的优良传统，备份圣旨，也是作为史料保存的。

窦婴下狱后，为了救灌夫和自己，曾拿出一份汉景帝留下的托孤遗诏，上面有"事有不便，以便宜论上"几个大字，意思是，遇到特殊情况，窦婴有全权处理的权力。本来这可以救他一命，可当汉武帝去档案馆查备份时，竟然没了这份诏书。有人怀疑，是为了救弟弟田蚡的王太后偷偷拿走了。于是，窦婴被以"伪造先帝遗诏"的罪名当街处死。

史记文学小课堂 — 场景描写

一场酒宴上的人情冷暖

《史记·魏其武安侯列传》中记录了一场别开生面的宴会。

饮酒酣，武安起为寿，坐皆避席伏。已魏其侯为寿，独故人避席耳，余半膝席。灌夫不悦，起行酒，至武安，武安膝席曰："不能满觞（shāng）。"夫怒，因嘻笑曰："将军贵人也，属之！"时武安不肯。行酒次至临汝侯，临汝侯方与程不识耳语，又不避席。夫无所发怒，乃骂临汝侯曰："生平毁程不识不直（值）一钱，今日长者为寿，乃效女儿呫嗫（chè niè）耳语！"

当朝丞相武安侯田蚡敬酒时，满堂宾客赶紧离席拜倒在地以示尊敬；失去权势的魏其侯窦婴举杯，除了老朋友，其他人只是欠欠身略表礼貌。窦婴的朋友灌夫实在看不下去，借酒开骂，大闹宴会。一场酒宴，把官场上的人情冷暖展露无遗。

刘长、刘安
谋反，我们是有经验的

嗨，小伙伴们，重申一下，我还是司马迁。故事讲到这里，已经快到尾声了。今天，我们来看看淮南国的故事。

淮南，就是淮河南边很大一片土地。具体范围就不跟你们说了，反正地理也不考。大汉第一代刘家的淮南王，是高皇帝的亲儿子刘长。

高帝共有八个儿子，除了惠帝刘盈是吕后亲生，其余七子都是他前女友、宠夫人，以及外遇所生。这些孩子，在吕后掌权的时候几乎都没逃过她的"鸡爪"，被杀的杀，摧残的摧残，唯独刘长是个例外。因为，刘长的生母赵姬死得早，他是吕后带大的。所以，把刘长封在淮南这么好的地方——四个郡，五十个县，很可能也有吕后的照顾。

等后来文帝上台，刘长是他仅存的兄弟。文帝非常纵容淮南王，两人还会亲密地同坐一辆车打猎，淮南王也亲切地管文帝叫"大兄"。可以说，当时他就是全国的"御弟哥哥"。

文帝的亲厚风格让刘长越来越放肆，老做些"真刑"的事情触犯法律底线。文帝每次都在心里默念"这是我唯一的弟弟了"，然后亲自给他发免罪声明。知道什么事都有皇帝哥哥兜底以后，刘长决定再找点儿"判"头，亲自用铁锤打死了辟阳侯审食其（yì jī），还把他的脑袋割了下来。

擅自杀朝廷大臣，无论放在什么时代都是大罪。刘长与辟阳侯什么仇什么怨呢？这事说起来复杂。

还得把时间倒回一下。那年，高帝去代国平定了谋反的陈豨（xī），回头第一站歇脚地就是女婿张敖的赵国。张敖为了好好接待老岳父，在自己后宫里挑了个美人去服侍。因为这次偶然，赵姬怀孕了。然而，还没等赵姬迎来泼天富贵，高帝就因为对张敖粗鲁无礼而得罪了赵国人，差点儿被赵国臣子暗杀。当时的人们完全是战国

意识，只认自己的主人，而不认皇帝。主人受辱，赵国的臣子们仿佛巴掌打在了自己脸上，默默策划了报复行动。结果这事很快暴露，张敖被牵连下狱，废除王位，他的老妈、兄弟、嫔妃等人也跟着蹲了监狱。

赵姬也在其中。赵姬向狱卒申述，说自己怀了陛下的儿子。可高帝当时的怒气值有点儿满，整个赵国的人他都不愿意搭理。赵姬的哥哥不气馁，到处拉关系，甚至托到了吕后的宠臣审食其那儿。然而，甭管审食其多卖力，吕后是不会帮情敌的。赵姬深感自己无足轻重，绝望极了，生下孩子后就自杀了。没错，这个孩子就是刘长。当小吏抱着婴儿去长安，高皇帝这才有些愧疚，将孩子交给了吕后抚养。所以，刘长只好把亲妈的仇全记在了审食其身上——怪他没有强烈争取，这才有报仇这码事。

面对弟弟的乱来，文帝还是不忍心，毕竟，他自己就是以孝顺亲妈出圈的。想到老弟不过是为母报仇，也算情有可原吧，大手一挥，免罪，还是免罪。

自己狂妄到这个份上，文帝都闭着眼睛略过去了，这反倒让刘长觉得，四哥这皇帝是不是太软弱，太好欺负了点儿？毕竟，他连朝廷的律法都不能贯彻执行，还当什么皇帝！这皇位不如交给自己坐好了。

　　回到淮南国后，刘长明目张胆地跟朝廷的法令对着来，还搞了一系列天子的排场，比如自己发布的命令也改叫"制"，制定的法规也叫"令"，出行的伞盖和车驾也完全模拟皇帝的规模。背地里，他还不断给黑社会人员和犯罪分子当保护伞，把他们收到自己门下，给钱给地给官爵，就是为了让大家到时候为自己卖命。

　　在文帝登基的第六年（公元前174年），刘长决定起来搞事了。同时，大汉南边的闽越、北边的匈奴，也都收到了他的结盟信。这些动作，当然没有瞒过朝廷的法眼，文帝下诏把老弟找来聊聊。

　　到了长安后，文帝还没发表意见，丞相和九卿官员集体实名给皇帝写了一封长字小作文，列举淮南王的一切罪状，申请一定要依法处置他。文帝捂着脸，表示自己不忍心处理弟弟，又把事交给更多大臣讨论。结果，大臣们还是和前面一样，联名写信要制裁刘长，让正

义虽然迟到，但不缺席。

尽管所有人都在求正义，文帝还是跟大家讨价还价，最终死罪免了，判了个流放几千里。淮南王一生顺畅，为人又以猛汉自称，被关在囚笼里一路敲锣打鼓遣送走，感觉自己委屈死了。于是，他做了一个决定，绝食而死。

消息传回京，文帝哭得一把鼻涕一把泪，还处置了很大一批人，才算给自己的形象和弟弟一个交代。过了两年，文帝怕别人议论自己是贪淮南的地盘，不如把弟弟的孩子们都养起来吧。刘长有四个儿子，文帝于是把淮南劈开，大的一块归朝廷，小的给那群孩子。但这也堵不住人们的嘴，又过了几年，有人竟然编了段歌谣，说是文帝容不下兄弟。文帝害怕极了，默默反思，反思出来的结果是，把完整的淮南拿出来，再劈成三份，全部还给刘长还活着的儿子。刘安当淮南王，刘勃做了衡山王，刘赐是庐江王。

尽管文帝在努力补救，但刘长的孩子们有点儿只记仇不记恩。尤其是淮南王刘安，心里一直怨恨文帝这位四大爷。因为这重恩怨，景帝时期的七国之乱时，刘安响应得相当积极。但他头脑太过简单，还没开始，就被朝廷派在诸侯国的国相夺走兵权摁下来了，保了他和淮南国不少条命。

然而，造反的种子一旦埋下，就不会淹死渴死，非得生根发芽不可。刘安始终认为老爹当年是被逼死的，造反的念头就差写在脸上了。不过，他从小就对骑马射箭这类男儿技艺不感兴趣，只喜欢读书和弹琴。所以，他没走武力夺权的路线，而是决定"得民心者得天下"，积极厚待百姓，为自己积攒人气。

到我家皇帝上台，他也大张旗鼓做了好人好事多年，就连皇帝的舅舅、丞相田蚡对他印象都不错，私下偷偷结交。因为我家皇帝登基多年都没生孩子，当时的人都怀疑，他可能没有生育能力。天子没有孩子，一旦他死后，皇位就得重新往上找，田蚡提前巴结，也是为自己铺后路。而刘安得到丞相的口头许诺，更得意了，不断偷偷地给朝廷各个大臣发私信。

你问我有没有被拉拢？咳，那时候我还没出生呢。要不然，咱一个天文官，说不定真会收到诚聘书，让我为他算算天象……想到这里我就吓得一个激灵了，我对这些可不感兴趣。

最绝的是，刘安还安排了一个女间谍——他的亲生女儿刘陵翁主，给了她很多经费，让她在长安多结交朋友。

然而，甭看刘安准备工作做了那么久，下面你就会发现，他还会准备更久，甚至一辈子都在准备中。因为，他只有贼心，贼胆还没长那么全。

所以，后来的情况就是这样：但凡他家里发生点儿什么事，被朝廷知道了，心虚的他就打算起兵算了。等发现皇帝不打算追究，他又准备算了。下次再有事情爆出，他又紧张地想拼了算了……反反复复数不清的回合，最终都没起兵。

这种几十年都在造反路上的状态，他的反心也被很多人知道了，最终，一个被刘安父子欺负过的人反手给他来了一个举报。在朝廷审判结果还没发回来之前，惶惶不安的刘安提前结束了自己。

这一段恩怨的狗血和拖沓，堪比老太太的裹脚布，又臭又长。刘安死后，刘长另一个儿子，从庐江王改封为衡山王的刘赐及全家也因为谋反被杀。整个淮南还真是有些祖传谋反基因在身上的。淮南国和衡山国的地盘都被收回朝廷，一个成了九江郡，一个成了衡山郡。我们家皇帝赚翻了。

> 一尺布，尚可缝；一斗粟，尚可舂（chōng），
> 兄弟二人不能相容。
>
> ——《史记·淮南衡山列传》

译文 一尺布还可以缝，一斗粟米也能捣舂，兄弟两个人却不能相容。

赏析 这是淮南王刘长绝食自杀后，民间流传的嘲讽汉文帝容不下兄弟的歌谣。一尺布虽然不大，也可以缝制成衣服来穿；一斗粟米虽然很少，也可以舂去壳后煮来一起吃。如果兄弟相亲相爱，哪怕是这样很少的东西都可以一起分享，而不是为了利益斗得你死我活。

史记小百科

皇帝的命令有哪些称呼？

电视剧里经常说"奉天承运，皇帝诏曰"，似乎皇帝发布的命令都叫"诏书"，实际上没那么简单。天子发布的文书，有制、诏、敕（chì）、册、谕（yù）等说法。

制一般用在颁布重大制度，诏是政务通知，敕是发给低阶官员的，册一般是册封皇后、皇子等，谕是告诉，用于上级通告下级，所以皇帝的指令也会叫圣谕。

西汉·刘长、刘安

主父偃
能做大事，也能做坏事

今天要带大家了解的人叫主父偃。为啥给他镜头？他的一个主意，帮大汉解决了诸侯"老大难"的问题。

讲之前先考考你，主父这个姓你能联想到一个熟人吗？回答毫无印象的，建议翻回赵武灵王那一篇看一百遍。当初，武灵王不当王要当赵国主父，于是，他的后代里就有一支以主父为姓了。

那么，主父偃是赵国人了？不对，他是齐国都城临淄人。从这可以看出，仅仅一百来年，各家族迁徙移民的可能性都是很大的。所以，如果没有家谱记录，我们很难确定自己的祖辈曾经是哪里人。

主父偃本来是学战国纵横家那套忽悠术的，后来发现没啥发挥空间，才开始转专业，学儒家的《易经》《春秋》等书，偶尔也会学学百家，也算得上是博采众长了。可不知道啥原因，主父偃在家乡活成了万人嫌，那些一起学习的人都不待见他，还使出一招排挤和霸凌，让他在齐国没有生存空间。主父偃只好离家出走，去了隔壁的燕、赵和中山等地兜售学问。

有一说一，我们大汉的诸侯，虽然名字上用的还是战国那些国名，但本质差别就像家猪和野猪。这会儿的诸侯，只是拿税收过富贵日子，没有竞争压力，也就没有自强奋发的心思。所以主父偃跑来卖知识，大家都不愿意收留他。

穷困潦倒的主父偃开始反思，然后得出结论，诸侯们都是不识货的傻子，还是去中央吧。来到首都后，主父偃最先求见的是卫青。卫青倒是也乐意推荐人才，跟皇帝说了几次，可不知道是卫青表达不到位，还是皇帝不喜欢大将军管人力资源，愣是没有给主父偃一次机会。

在卫青府里待了很久，结果在将军府做客的其他人也很讨厌他。说到这里，我想传播一下我不一定成熟的价值观。看一个人，所有人都表扬的，我们一定要亲眼见见考察一下；众人都讨厌的，我们也一定要亲自接触和了解，探察出背后的原因。

主父偃活成苍蝇一样遭人厌，据我估计，很可能是大家嫌他"吃相"难看。他已经不年轻了，到处受挫了这么久，心里难免着急想表现。一想表现，那必定啥话都要插一嘴，出尽风头，在矜而不争的君子眼里，这就是败类的样子。因为，这种人的心理很容易变态，为了翻身证明自己，急于求成之下，很可能就会做出不择手段的事。

后来果然验证了这一点。

绝望的主父偃写了一篇小作文给皇帝，结果这次终于奏效，早上递上去，晚上皇帝就找他亲切私聊。

他们聊了些啥内容呢？很可惜我没亲耳听到，因为那时候我才刚出生呢。不过，主父偃的小作文我后来倒是在国家档案馆看到了。他一共给皇帝提了九件事，最主要的跟匈奴有关。原文太长，爱惜双手，我就不抄了。

跟主父偃一起给皇帝写小作文的还有两个人，他们都提出了一些比较有建设性的意见。我们皇帝看完很受震撼，说了一句战国时期君主得到人才时的官方套话："你们以前在哪儿啊，我咋现在才见到你们？"嘿，卫青如果听到这句话，可能会默默翻个可爱的白眼吧。

皇帝给三人都授了我后来当过的郎中一职，其中主父偃最得宠，一年内升职加薪了四次，当到了中大夫。因为他给皇帝出了两个很有用的主意。

一个就是我前面说的诸侯老大难的问题。削藩的话题我已经讲过很多次了，高帝杀异姓王，吕后连杀带削高皇帝的后代，文帝把齐国拆分成了七个，把淮南拆成四个，结果到景帝时，还是发生了可怕的七国之乱。这些刘家子弟一开始分封的时候，都是皇帝的亲儿子，但随着时间推移，不管是血缘上还是情感上，他们跟大汉中央的关系肯定是越来越远的。没了伦理关系羁绊，诸侯和中央就变成了普通君臣，造反的可能性明显增高……怎么一

劳永逸地解决诸侯问题呢？主父偃提出一个"推恩"的说法。

怎么个推法？以前诸侯国都是嫡长子继承家业，其他的儿子基本上分不到一杯羹，后代就更落魄了。有点儿想法的，只能开始打太子宝座的主意，在诸侯国内争得头破血流。主父偃提出把朝廷的恩赏扩大化，允许诸侯给其他孩子也分家产。这个家产就是指诸侯的领土。比如有的诸侯可能手里管着一个郡，一个郡最少都有十来个县，而一个县的人口，小的不满万，大的万人以上，也可以拆分出去给其他儿子。这样分封下来，王爷们做到了公平公正，像阳光一样普照每一个孩子，满足了各个老婆的需求。中央也不用担心了，大的国家地盘打散了以后，他们那些原本是兄弟的，随着时间发展也会越来越生疏，势力小到就像小地主，完全构不成威胁。

其实这个主意基本上是抄了大才子贾谊的作业。当初，贾谊给文帝提建议，就有这种拆散大国的优良方案。他的办法叫"众建诸侯而少其力"，意思是把诸侯拆分重建，他们的力量就弱了。主父偃的叫"推恩"。两者有一个细小的差别。

贾谊的提议是让诸侯先把国家拆成几份，等生了几个儿子，就把孩子们放出去当小王。主父偃的主意不用先拆，诸侯只管生，

然后你自己想怎么分就怎么分。看起来似乎没有太大差别，不过仔细瞧瞧你就会发现，贾谊的主意在操作方面有点儿欠缺。哪有人家还没生那么多儿子就让人分地盘的，这不明摆着让人怀疑朝廷是眼馋诸侯国的地盘吗？因此，文帝收到这意见也只是表示不敢乱来，只在齐王和淮南王死后，把这两个国家拆了分给他们的儿子，提前来了一把"推恩"。

主父偃的第二个建议，就是那条跟我有关，并对天下造成影响的移民令——让皇帝把天下豪强和家里有钱的人都迁到他开凿的茂陵周围。这样，那些地方豪族都在天子眼皮底下，就不容易干出太大坏事了。而有钱人迁移过来，皇帝死后长眠的地方也会繁荣热闹起来。因为这条建议，我家后来就从龙门搬到了茂陵显武里居住。一样被这条移民令改变命运的，还有一个我想先卖个关子的人。

完成这两件大事后，记仇的主父偃开始偷偷报复前面不待见他的诸侯，先是打燕王的小报告，导致燕王被杀。大家看到主父偃的话这么管用，纷纷表示怕了怕了，给他送钱讨好。不久，主父偃又亲自出使老家齐国，把齐王也吓得自杀了——只因为他曾想把女儿嫁给齐王，而齐国太后看不起他，严厉拒绝了。

一个人轻轻松松杀两王，可把从前被主父偃光顾过的赵王吓蒙了。他连忙给皇帝打报告，讲了主父偃报复齐国的前因后果。最终，为了平复诸侯的怨气，主父偃全家被杀。

当初，有人怪主父偃做事太横了，问他为啥要这样？主父偃也不隐晦，直接揭穿心理伤痕，说自己当初穷困潦倒苦怕了，难得发达，所以要倒行逆施，生不能达到用五个鼎吃饭的规格，死用五鼎烹也够了。颇有点儿"用一生治愈过去"的意思。不过，他倒是求仁得仁，只是倒霉了家里人，跟着做了冤死鬼。

史记原典

吾日暮途远，故倒行暴施之。

——《史记·平津侯主父列传》

西汉·主父偃

译文 我年纪大了，就像赶路的人，太阳落山了，但前面还有很远的路程，所以我只能一反常规地做事了。

赏析 当初伍子胥也说过这句话，字词稍有变动，"吾日暮途远，吾故倒行而逆施之"，表达了人生来不及做更多事的紧迫感和对时间流逝的无奈。成语"倒行逆施"出自这里，指做事情违背常理或是背离正确方向。

史记小百科

古代一顿饭摆五个鼎算什么水平？

中国古人表达身份的时候，有个"钟鸣鼎食之家"的说法。这是源于周代的礼仪。周朝贵族人人都是体面人，吃饭的时候，要用青铜鼎之类的食器烹煮、盛放，还要敲击钟鼓伴奏下饭。

《礼记》里规定，天子吃饭用的是"九鼎八簋（guǐ）"的规格。簋是一种盛放食物的器具，现在北京还有一条很出名的美食街就叫"簋街"。那么，五只鼎算什么水平？这是卿大夫吃饭的规模，一共五鼎四簋。

汲黯

吸走黑暗的人

汲黯，这又是一个我曾经的同事。不过，他年纪比我大，是我的前辈，官也做得比我大多了。

汲黯字长孺，是河南濮（pú）阳人。出于对他姓氏的好奇，我专门翻书调查过，他们家祖上应该是春秋时期的卫国人。何以见得？当初卫国有个汲地，根据春秋那会儿的规则，肯定是他祖上有能人被封在了汲地，以汲为氏，后来就变成姓了。其实，他这个名字取得也很有水平。汲是汲取，黯是黑暗，把黑暗都吸走了，人不就光明了吗？大概是为了配得上自己的名字，汲黯果然很阳刚。他性情耿直，有什么看不惯的，都会给人指出来，一点儿面子都不给。连皇帝犯了错，都逃不过他的指指点点。

汲家在本朝是大户人家，好几代都是年薪两千石以上的高官，这种身份有资格内推家属进入朝廷，所以在先皇景帝朝，汲黯就因为老爹的关系，当上了太子洗（xiǎn）马。太子就是我的皇帝，洗马是干什么的呢？请注意，这可不是弼马温，而是太子出行时负责开路的官。所以，汲黯算是我家皇帝的"自己人"。这种人在太子登基后，都算是持有原始股的功臣，前途无量。

果然，一上台，皇帝就对他很重视。不过，汲黯思想很独立，不是个领导指哪儿他就打哪儿的人。东南部的东越跟闽越打架，皇帝派他去视察一下情况。结果只到了东越北边的吴县，汲黯就折返回来了，说这两家就跟公鸡似的，天生好斗，这种小事天子没必要管。有一种在教天子做事的感觉。

后来，河内郡发生了一场火灾，烧了一千多户人家，这绝对是民间的大事了，皇帝又派汲黯出差。这次汲黯没偷懒，亲自到了火灾现场。但他还是觉得这不是啥重大的事，汇报说："那边人房子建得密，一旦着起火来，就很容易连着排排烧了。不用太担心。"光听这话，不止你想骂人，我们皇帝可能肚子里也有火。

汲黯见状表示，我知道你很急，但你先别急。不等皇帝发火，他先"浇水"了。说这次出差路过河南郡的时候，他亲眼看见当地有些地方闹水灾，有些地方又闹旱灾，灾民多达一万多家，惨得父子互相割肉吃……描述完，汲黯又发大招，说自己已经趁手里有天子赐的符节，让当地官员开仓放粮赈灾了。

原来，一千多户受灾在他心里不算严重，是因为隔壁的情况更惨呢。不过你瞧瞧，他这次即便不是教皇帝做事，也算是假传圣旨了。我真怀疑他是不是没长心肝脾肺，腾出来的地方全都长胆了。汲黯也知道没按章程办事，但他也不后悔先斩后奏，自请受罚。我们皇帝是多精明和要形象的人呀，好人好事你汲黯做了，又让我处罚你，传出去不让天下人骂我吗？于是当场对汲黯一顿夸，更是免了罪。

咳，也先别急着夸我们皇帝深明大义。高高在上的人被别人教做事，哪能不往心里去呀。没多久，汲黯就被贬出朝廷，下放到荥阳当县令——你不是擅长处理地方事吗？给你机会。汲黯深感羞辱，马上拒绝，说自己有病，得回家休养了。最后，这场暗中较劲以皇帝让步结束，把他召回朝廷当了中大夫。

不过，皇帝很快就后悔这个大度的表演了。因为，汲黯根本没感谢皇恩，遇到事还是会直接怼，搞得他很下不来台。有时候我真的好奇，汲公的勇气是跟谁借的。当然，皇帝也没打算太委屈自己，光速把汲黯派去东海郡当太守。没想到，汲公的政治理念是上一辈的黄老派，主张少扰民，很快就把整个郡治理得一片和谐，朝廷官员都交口称赞。业绩优秀，就得给人升官，否则朝廷的赏罚制度就不合格了。皇帝只好又把他召回来，当了九卿之一的主爵都尉。这个职位的工作内容是负责跟诸侯国打交道，陛下的意思很明确了，朝廷上求你少发言。

可是，汲黯人既然回来了，嘴巴就也带回来了，精准给皇帝添堵。

当时，皇帝在先秦的学说里选了儒家作为官方意识形态，儒家的核心是"仁"，就经常畅谈自己要怎么仁义。汲黯太了解他的性格了，瞟了一眼，说："拉倒吧，陛下您只想表面施行仁政而已，还想效仿古时候的贤君唐尧虞舜二帝呢？"

一句话噎死人，这就是汲黯。当场所有人全部瞳孔地震，有人吓得流汗，有人不敢喘气，生怕喘气声大了被当出气筒。我偷偷瞄了瞄陛下的脸，那真是局部转阴，局部打雷，马上就要倾盆大雨了。不过，陛下没当场发作，而是气得拂袖而去，留下大臣

们大眼瞪小眼。有人怪汲黯说话太不过大脑了，汲黯嘲讽拉满，回复大家说："皇帝设置公卿百官，难道是为了给他拍马屁的吗？拍马屁对治国有用吗？只能把君王带偏。我已经是九卿的官，就算怕死，我难道能看着朝廷乱来？"

这边，回了寝宫的皇帝越想越气，后悔为啥要把汲黯找回来，是嫌自己命长吗？跟身边人吐槽："汲黯太过分了，他就是个大蠢货！"皇帝也曾私下问过我们另一个同事庄助汲黯的为人。庄助如实回答："汲黯做官其实没啥过人之处，他的优势是性格刚毅。他这种人适合辅佐少年君主，他能坚持自己的操守。用利益诱惑他他不会来，用威严驱赶他他不会走，就算是古代孟贲和夏育那样的大力士都不可能夺走他的品德。"皇帝一听，有点儿感动，给了一段最高评价："古代有社稷之臣，我们汲黯快接近他们了。"

不过，汲黯很快也会把这份尊敬"作"没的。皇帝和匈奴开战后，有匈奴的王不想当匈奴人，主动跑来投降了。按景帝时的先例，我们皇帝也准备高规格接待匈奴人，给钱给地给奴隶。打仗那么多年，官府根本没钱，就打起了老百姓的主意，借民间的马去接人。百姓对此不理解，不尊重，也不支持，有些人还把马藏了起来。皇帝大怒，责怪长安令不会办事，要杀了他。汲黯一听就上火了，匈奴王来投降，咱们让沿路的各个县准备车马一站一站接过来就好了，为啥要骚扰那么多百姓，让我们的人辛辛苦苦去伺候那些匈奴人？

在汲黯眼里，匈奴跟大汉交战那么多年，连年征税征人，我们老百姓已经够苦了。人家来投降，干吗还要继续折腾自己人？皇帝就和当年他爹景帝对待周亚夫一样，烦躁写在了脸上，没多久找了个小罪把汲黯开除了。

汲黯的理想是待在皇帝身边，给他纠正过失，吸走黑暗，但皇帝有自己的思路，根本不需要他。他们磕磕碰碰多年，还是互相讨厌。后来，被汲黯多次批评的张汤犯罪被杀，皇帝终于发现汲黯很多时候是有智慧的，想给他嘉奖，又不想太让自己难看，只好给他涨了点儿工资。

汲公虽然一辈子都没得到多大重用，但有他的存在，总能给皇帝带去一点儿振聋发聩的声音，勒住陛下恣意奔驰的缰绳。

我经常想，他这样的人，如果遇到一个赏识他的君王，应该能造就一段君臣佳话吧。

史记原典

陛下用群臣如积薪耳，后来者居上。

——《史记·汲郑列传》

译文 陛下用人就像堆柴火一样，后面来的反而堆在上面。

赏析 汉武帝很不喜欢汲黯，不想跟他多接触，所以朝廷每次升官都没他的份。而其他人，甚至曾经地位在他之下的人，后来都一个个超过了他。汲黯心里很不爽，去找皇帝理论，说出了这句"后来居上"。

史记小百科

汉代人怎么发工资？

汉代九卿的年薪是"两千石"，这个"石"是个用来计量粮食的单位，可以念石头的石，也可以念"dàn"。从这也可以看出，汉代的工资竟然不是发钱，而是粮食。那时虽然早已有了商品经济，但朝廷重农抑商，大家意识里最有保障的还是粮食。有了粮食，可以兑换金银，再去购买其他东西。所以，官员们的工资就直接发放可以下锅的东西。

当然，说的是年薪，实际上大家的工资还是月结。比如年薪两千石的官，每个月发放粮食一百八十石，一年十二个月，一共是两千一百六十石。后来，汉朝也会直接发钱，或者粮食和钱按比例各发一部分。这样，粮食卖得便宜的时候，官员手里至少还有钱可以买买买。

司马相如

跟我学表达

　　司马相如是我们这个时代著名的辞赋家，他的文采，往前数数，我们大汉大概也只有贾谊和枚乘两位先生能比吧。而且，相如不仅赋写得好，还很有正义感。为此，我特地要为这位前辈立个传，说说他的故事。

　　相如是蜀郡成都人，原名犬子，对，就是谦虚时对自家孩子的称呼，狗子的意思。这种上不了大雅之堂的名字，等狗子成材后，自然不会拿它行走江湖。他仰慕战国名相蔺相如，干脆把名改成了偶像的，顺便给自己取了个极具文艺色彩的字，长卿。

　　相如从小既爱琴棋书画又好剑术，属于文武双全型人才，颇有一琴一剑走江湖的潇洒风采。出来混社会后，相如用钱买了个官，成了景帝的郎官。然而，景帝是个实干家，并没有文艺细胞，文采斐然的相如在他这里，根本没有熬出头的一天。后来，景帝那个前面已经出过几次镜的亲弟弟梁王到京城朝拜，还带来了梁王府的一群文学家，相如跟他们一见如故，马上跟景帝宣布自己有病，辞职投靠梁王去了。在这里，相如写下了一篇惊采绝艳的文章《子虚赋》。

在梁园的日子很快乐，但你瞧瞧"快乐"这两字，都长着脚呢，嘀嘀嗒嗒就溜走了。大领导梁王死后，文学院解散，没了衣食父母，相如只好回了成都老家。然而，家里更冷清。因为，他不仅失去了衣食父母，亲生父母也早没了，家里穷得只剩四面墙。这些年混日子，完全过着自己的理想生活，他根本没想过要学什么其他谋生技能。

艰难时刻，他脑子里浮现出了一个好朋友的名字——临邛（qióng）县令王吉。听说相如回来，王吉曾派人送信："狗子兄弟，你长期在外面混，好像也不是很顺利，可以来找我哟。"想到这儿，司马相如连忙卷起铺盖去投奔。

两人一碰面，促膝长谈，举着酒杯互相仔细端详，都已不是当年的少年郎了。推杯换盏后，相如的情况王吉基本已经掌握，然后起身请相如走。怎么？老朋友翻脸不认人吗？非也，王吉打算给相如骗点儿资金，涨涨身价。

计划是这样的：他让相如住在别的地方，然后自己每天大张旗鼓前去拜访，而相如还要拒绝见面，装出一副深不可测的样子。这样一来，临邛县的父老乡亲肯定要主动承担起新闻传播的任务，把"县令拜访神秘高人遭拒"的消息传到满城皆知。

那么，他们打算吸引谁呢？县里的首富。原来，临邛是个有矿的地方，这里有好几个打铁世家，一个个富得冒金光。其中一个叫卓王孙的人是这里的首富，家里光家奴、保镖就有上千个，另外一个叫程郑的家里也不差。不得不说，王吉是个会造势的人才，卓、程两家听到这个爆炸性新闻，果然上钩了，决定举办宴会邀请县令和他的贵客来吃吃喝喝，大家交个朋友。

经过几番事先约好的假意推辞，相如终于闪亮登场，又是弹琴，又是唱歌，引得卓家女儿卓文君怦然心动，竟然跟他私奔了。卓王孙虽然很不乐意，更觉得女儿丢脸，但还是拗不过"软肋"，分了好大一笔家产给两人过日子。这都是相如后来亲口告诉我的。虽然有那么一点儿诈骗的意思，但好歹结局是浪漫的。

时来天地皆同力，桃花运刚泛滥完，相如的事业运也紧随而来。他有个蜀郡的老乡杨得意是宫里的狗官，呃，这不是骂人，

是真养狗的官。作为帮皇帝养宠物的，杨得意也可以经常陪伴皇帝左右。有一天，我们皇帝读到了相如过去那篇热门文章《子虚赋》，被他的才华震惊，竟然发出了"怎么没能和他生在同一个时代"的感慨。杨得意一瞧，跟皇帝报告："我隐约记得，我老乡司马相如说这篇赋是他写的。"然后，相如被一纸诏书拉到了京城。

皇帝对《子虚赋》大夸特夸，结果相如却表示，这文章写的是诸侯打猎的场面，陛下身为天子，应该看天子打猎的排场。于是皇帝赶紧派人送来了笔墨和木简，相如又写了一篇文辞华丽的赋，就以我们皇帝钟爱的皇家猎场上林苑命名，叫《上林赋》。这赋里描述的排场和壮丽，我就不多夸了，值得再拿出来鼓掌的是，相如其实是借文章的力量，劝天子要爱惜自己的身体，更不要折腾民力，浪费老百姓辛苦缴纳的税收。真是一个心中有真情和正义的人！他的所有文章也大多是这样，无论什么主题，总能拐到时事上面，再给皇帝上正确价值观。

凭着这篇文章，司马相如又一次当上了郎官。在郎官的位子上待了几年后，相如终于得到了一次能干些实事的任用。当初，张骞曾提议可以从蜀郡走到遥远的各国，把他们都拉来给我们皇帝下跪臣服。于是，皇帝真的开始经营西南方。结果，派去开拓地盘的将军唐蒙做法有点儿激进，为了打通夜郎和更西边一个叫僰（bó）中的少数民族地区,不断征集当地人做苦力,搞得巴蜀老百姓苦不堪言。有人心里不满,他还杀了一个首领来恐吓大家,震惊巴蜀百姓一整年。

皇帝听到局势在朝他预想的反方向走,对唐蒙一通口吐芬芳,但一想他又听不见,还是派个人亲自去骂吧,顺便安抚一下巴蜀老百姓的情绪。相如是蜀郡人,这个机会顺理成章给了他。这个轻松的任务,相如很快就完成了。后来,唐蒙拿下夜郎国,又有人想投靠汉朝,皇帝干脆又派相如去接收。

不得不说,我们皇帝有时候真的让人很感动。楚霸王说过,"富贵不归故乡,如衣绣夜行",所以,每次让别人出差,他都尽量按籍贯派臣子。虽说本地人更能因地制宜,但多少也带着让大家

衣锦还乡的福利。果然，听闻在中央做官的老乡变成使者回来，蜀郡当地的官员纷纷自行组织接待队，到郡界相迎，成都县令亲自背着弓箭在前面开路，相如真感觉人生达到了巅峰。连当初拒绝承认他的老岳父都感叹说，真后悔没早点儿把文君嫁给他。

　　当然了，相如也很出色地完成了使命，除了给大汉写信的几个小国，还额外多收了好几个小弟。大家归附大汉，以前边界上的关隘全部被拆除，我们大汉的版图也就又向外延伸了一大步。不过，整个开通西南的计划不仅费钱还费人，收益比不上支出，当时不少人反对。相如亲自到了当地，也深知大家

的苦，但自己刚刚完成使命，报告了胜利，也不好再开口建议什么。不过，最终他还是拗不过良心谴责，上书不好说的话，可以写在文章里映射呀。

这就是司马相如，一个有能力、有良心的大汉官员。虽然他不是我本家，却和我同一个姓，一定是有特别的缘分！

史记原典

明者远见于未萌，而智者避危于无形，祸固多藏于隐微而发于人之所忽者也。故鄙谚曰："家累千金，坐不垂堂。"

——《史记·司马相如列传》

译文 英明的人能看到那些还没发生的事情，机智的人在危险尚未形成的时候就能设法避免。灾祸大多隐藏在不易察觉的地方，发生在人们疏忽大意之时。所以俗话说："家有千金的富人，不在屋檐底下坐。"

赏析 汉武帝喜爱打猎，经常纵马狂奔追逐野兽，亲自击杀熊、野猪等猛兽，这是司马相如劝谏皇帝不要亲涉险境时说的话。"家累千金，坐不垂堂"说的是珍爱生命的人不会在屋檐下面坐，怕屋顶的瓦片落下来砸伤脑袋。放到现在，这种安全意识也相当重要，不要紧贴着建筑物走，防止高空坠物。

子虚、乌有，竟是两个人？

我们现在表示某事或某人不存在的时候，想文雅一点儿表达，经常会用到"子虚乌有"一词。这个词就出自司马相如的《子虚赋》和《上林赋》。这两篇赋合在一起也称《天子游猎赋》。

在这两篇文章里，司马相如设定了一个叫子虚和一个叫乌有的人辩论。虚是实的反义词，子虚，即"不存在"。乌有更是用到了谐音梗——无有。所以，后来这个词就用来表示没有和不存在的事物。其实，除了子虚和乌有先生，赋里还有一个"亡是公"。亡是无，公是尊称，所以白话一下，也是"无这个人"的意思。相当于司马相如编故事时提前告诉读者，本故事纯属虚构。

史记文学小课堂 — 叙事艺术

大量收录好文章

司马迁是一位史学家，也是一位文学家。在写作《史记》的过程中，司马迁也特别喜爱和重视文学家和文学作品，遇到传记人物所写的优秀文学作品，他会不计篇幅地收录。比如在屈原的传记中收录了《怀沙》，贾谊的传记中收录了《吊屈原赋》，李斯的传记中收录了《谏逐客书》。而在司马相如的传记中，则收录了他的《子虚赋》《上林赋》《大人赋》等八篇文章，成为《史记》中收文章最多的一篇。

这不仅出于司马迁的个人喜好，也是他的一种叙事技巧：想要更好更全面地介绍文学家，当然要让读者直接欣赏到他们的作品。

郭解
一代游侠的谢幕

今天是一个告别的日子，《太史公书》的更新将暂时告一段落。那么这最后一篇，你们会遇见谁呢？一位我佩服的江湖侠客，郭解。

我一个朝廷官员，怎么会认识郭解这个江湖人呢？这都要归功于我们家皇帝发布的那则移民令——两家都是被移民的对象，也就成了茂陵老乡。茂陵这么大，我是怎么知道他的？拜托，这可是远近闻名的郭解郭大侠呀！我给你描述一下他搬到茂陵那天的盛况。

听说郭解要到，茂陵有头有脸的人没有不出门迎接的，普通百姓听到风声也跑来凑热闹，造成了严重的交通拥堵。那场面真是人山人海、比肩接踵、张袂成阴、挥汗成雨呀。我就是这会儿第一次见到他，一个个子不高的中年男人。当时我还有点儿"见光死"的失望，这完全不符合我心目中大侠的形象呀。但孔夫子说过，"以貌取人，失之子羽"，我想，他这么出名，一定有他的原因。

郭解是河南轵（zhǐ）县人，他还是个名人的后代——给薄姬和周亚夫精准预测人生的许负，就是他的外婆。郭解的爹也是个民间游侠，喜欢打抱不平。游侠和刺客不一样，刺客工作的动机是报答恩人，游侠则是主动帮人。他们经常舍身助人，为他人的不公挺身而出。

郭解继承了游侠"职业"，他从小见惯了老爹的处事风格，也把快意恩仇当人生准则。游侠的性格就是这样，不在乎别人的命，也不珍惜自己的命。郭解经常拼着性命帮朋友报仇，有这舍生取义的侠义作风，江湖人都很敬佩他。

不过，游侠不是圣人，只是有点儿个性、被民间追捧起来的英雄，他们做事也不都是合乎正义的。郭解年轻时就是个法外狂徒，经常干私铸钱币、盗墓挖坟的勾当，攒了不少钱。这也是他被列为"豪族"迁到茂陵的原因之一。年纪大了以后，害怕湿鞋的郭解想洗白当一个没有瑕疵的好人，他开始以德报怨，不断给别人送好处，从不求回报。郭家人随手给我举了几个郭解改风格以后的例子。

郭解姐姐的儿子有一次跟人喝酒，对方都喝不下了，他还在"不喝不是大汉人"地劝酒，被谢绝后，郭大外甥干脆强灌，终于成功激怒对方，被一刀反杀。郭姐姐听说后，生气大于伤心，跑去质问和讽刺郭解，以他当今的名气，别人还能不看面子杀了他外甥，那不是侮辱他吗？郭解没有接茬，气得姐姐把儿子的尸体丢在大路上，也不管了。

这当然是在逼郭解出手，但郭解已经不像年轻时那么气盛，只是默默调查，找到了凶手。凶手也不想过担惊受怕的日子，本着对郭大侠的信任，干脆跑回来亲自解释了前因后果。郭解听完后只说了一句："你杀得对，是我家孩子错了。"然后把人放走，自己去把外甥埋了。虽然这还比不上大义灭亲，但在涉及自家人时还能主持正义，不偏袒家人，已经够让人敬佩了。

这事一传开，郭解的名气冲破本县，连洛阳那边都有人来请他出场主持公道。这对洛阳的冤家仇深似海，十几个"同行"出面调解，都没能让两家握手言和。于是，有想做和事佬的人就把郭大侠找来了。仇家心里其实还是不太乐意，但见到郭大侠为了自家事如此麻烦，怎么也得卖他面子，当面就答应和解。

事情到这里本来结束了，但郭解还想做得再完美一点儿。身处江湖的他非常清楚民间的潜规则，洛阳这样一个几百年前就当过首都的大城市，牛人自然不会少，如果前面十几个人都没解决的问题，他来一趟就搞定了，岂不是打了洛阳人的脸？于是，情商高的郭解特地叮嘱这两家，假装还在闹矛盾，等他走后再去请

洛阳人来调停，然后再一笑泯恩仇。

　　高情商的郭解懂得"强龙不压地头蛇"，同时也淡泊名利。类似这样会做人的事例还有很多。他总是考虑全面，照顾到每一个人的情绪。这样的人，怎么能不吸引别人呢？有些仰慕者甚至想把郭解请回家，给他养老。

　　一个身处底层的人，在民间有这么大的公信力，可见他确实做了不少深得人心的事。然而，他也实在是有些走了别人的路，让别人无路可走了。轵县有个姓杨的小官，就完全不能接受郭解的侵权。在他眼里，调解民间纠纷的这些公权力，只能由朝廷的执法者掌控，而大家都越过他和他背后的朝廷，只找郭解化解，不仅是对朝廷的蔑视，也是对他这个当地官员的侮辱。所以，他恨透了郭解。

　　杨小官整郭解的办法，就是在皇帝要求移民到茂陵的时候，把他的名字偷偷报上去。这一举动就像打开了潘多拉的盒子，一发不可收拾。

郭解很不愿搬家，到处托关系想把名字给划掉。这一找，就搭上了皇帝最信任的大将军卫青。但我们皇帝多精明呀，卫青刚开口说郭解家里穷，根本达不到移民标准，逆向思维的皇帝就说："一个小老百姓都能让大将军为他说话，可见他家一定不穷。"就这样，郭解搬来了茂陵。

来到天子眼前，郭解其实已经尽量低调行事了。可名气在前，人们不允许他低调。首先把他推上风口浪尖的，是他哥哥的儿子。郭大侄子打听到是县里的小杨让他们搬家，不管三七二十一，提刀就把杨小官斩首了。

家人被杀，杨家自然不肯轻易罢休，嚷嚷着要上京告状。两家仇恨明面化以后，郭家和郭解的信徒都密切关注着杨家，于是，上京告状的杨爹又被人杀了。杨家不相信世上还有人能一手遮天，继续走司法通道，用法律维权。然而，万万没想到，告御状的人又被人杀死在宫阙之下。"阙"是皇宫大门前两边的瞭望楼，这算是真正的在天子脚下杀人。

皇帝勃然大怒，点名逮捕郭解。郭解也知道惹了大祸，只能选择逃亡。最后，用你们的话说是"天网恢恢，疏而不漏"，作为朝廷通缉的头号犯人，郭解被缉拿归案。一查记录，原来他身上还背了不少命案。朝廷特派使者到轵县打听郭解过去的事，结果遇到的都是郭解的粉丝，把他吹成了全世界第一好人。但还有个在场的老爷子大概是和郭家有过节，非说郭解是个作奸犯科的人。一位侠客听到偶像被侮辱，抽出剑就把人杀了，还把他的舌头割了下来，扬长而去。这明显又是在给郭解招黑，给他按下了死亡加速键。

最终，我们的御史大夫公孙弘以春秋"诛首恶"的概念为郭解全家判了死刑。首恶，意思是尽管这几个案子不是郭解动的手，但他完全不无辜。因为，他是造成这一切恶果的元凶，是罪恶的源头。

看到这里，不知你们是为犯罪的郭解被绳之以法而拍手称快，还是惋惜他被人连累？可能你们很难想象那个游侠纵横的时代，也不能理解我为什么替郭解这个罪人立传。游侠的行为虽然会触犯朝廷律法，但同时，他们的特性也有值得推崇的地方。他们言出必行，如果承诺了别人，就不会爱惜自己的身体，慨然赴死。而且，他们也有自己的道德标准，对那些仗势欺人的也很鄙视。

我之所以同情郭解，支持游侠，还有一个很重要的原因：人活在世上，肯定会遇到各种急难，就连周文王、孔子那样的圣人，

都有过被关押、被围困的危险遭遇。你想想，这些本该被时代推崇的道德君子，他们都会遭难，陷入绝境，何况是我们这些普通人呢？当你遇到困难，寸步难行，万念俱灰的时候，世界上还有人义无反顾地将你从黑暗中打捞出来，你渴不渴望这样天神般的存在？可以说，游侠是乱世英雄，是人们处在绝望时的一束光。

我是一个自己淋过雨的人，所以，我总想别人有把伞撑。我关注失落的人，关注苦难，也希望人间有君子，有大侠，能给暗沉的世界提供一线光明。

好了，故事已尽，但缘分仍存。我是司马迁，我们后会有期。

史记原典

人貌荣名，岂有既乎！

——《史记·游侠列传》

译文 如果一个人以美好的名誉来作为自己的容貌，哪有衰老终结的时候呢！

赏析 做好事，积累名誉，也会成为一个人的名片。郭解虽然其貌不扬，但他行侠仗义，以侠客形象行走世间，于是，人们只记得他的这一面。不管他本人长得怎么样，有多矮小，都不妨碍人们把他当一个崇高的人来对待。好看的外貌可能会让人愿意亲近你，但内心的美好才会让这种亲近更长久。

游侠是干吗的？

　　游侠群体是春秋战国时产生的，尤其是战国。战国是一个乱世，乱世里自然有各种各样的乱象，人们朝不保夕，也没有法律能为他们的生命做保障。在这种国家机构急缺公正的情况下，民间就会有一些有思想、有号召力的人出来自治。他们按江湖的规矩，用"以怨报怨"，甚至过度报复来讲公平。这种人，当时被称为"侠"。

　　侠字左边的人好理解，右边的夹，最早的字形像是左右两个人挽扶着中间一个人，所以夹字也有帮扶、辅佐的意思。一个人来帮你，自然就变成了侠。

　　在司马迁眼里，侠有贵族的，也有平民的。战国四大公子，就是贵族之侠。他们出身王室，家底雄厚，想做好事就像站在顺风的地方发出声音，天下很容易就听到了。这些人当然也很了不起。但是，出身普通人家的平民侠客，比富贵者行侠和坚守道义更艰难。没有背景的人想出名，想被人传颂贤名，全靠自身日积月累地修行。《游侠列传》里的朱家、郭解就是这样慢慢混出来的。

图书在版编目（CIP）数据

史记来了！：司马迁带你读史记.伍,西汉.2 /
大梁如姬著；李玮琪,李娅绘.-- 北京:海豚出版社,
2024.10（2025.7 重印）.-- ISBN 978-7-5110-7127-9

Ⅰ.K204.2-49

中国国家版本馆 CIP 数据核字第 20243JB267 号

史记来了！——司马迁带你读史记
⑤西汉②

出 版 人：王　磊
总 策 划：宗　匠
执行策划：宋　文
监　　制：刘　舒
撰　　文：大梁如姬
绘　　画：李玮琪　李　娅
装帧设计：玄元武　侯立新
责任编辑：杨文建　张国良
责任印制：于浩杰　蔡　丽
法律顾问：北京市君泽君律师事务所　马慧娟　刘爱珍

出　　版：海豚出版社
地　　址：北京市西城区百万庄大街 24 号　　邮　　编：100037
电　　话：（010）65569870（销售）　（010）68996147（总编室）
传　　真：（010）68996147
印　　刷：北京博海升彩色印刷有限公司
开　　本：16 开（787 毫米 ×1092 毫米）
印　　张：37.75
字　　数：280 千
印　　数：20001-30000
版　　次：2024 年 10 月第 1 版
印　　次：2025 年 7 月第 3 次印刷
标准书号：ISBN 978-7-5110-7127-9
定　　价：218.00 元（全 5 册）

买书更划算
天猫扫一扫

海豚出版社
微信扫一扫